KB238999

해 흙 물 바람 그리고 아이

박라미·박은아 지음

다음세대

강물의 돌, 우리의 돌

서정빈

큰 돌은 우리 침대
큰 돌 위에 작은 돌 두개
얹어 놓으면,
한 개는 침대
한 개는 쿠션

작은 돌은 장식품
큰 돌의 베개와 쿠션이 되니까,
작은 돌은 송사리의 보금자리

돌들은 우리의 집
우리가 만든 집
우리의 정성의 집
강에선 우리의 보금자리

단풍잎 배

김동은

살짝   떨어 트렸다.
물속으로

햇볓에   살짝 빛났다.
물살에 둥둥 떠서 갔다

물속에 살짝 누워 여행갔다.
물살과 바람이 단풍잎 배를
마중했다.

언재간 다시 만나기로 약속하고
보내 줬다.

단풍잎도 잎을 살랑살랑 흔들었다.
가끼운 데 까지 마중하고 헤어졌다.

아마 단풍잎배는
지금도 여앵을 하고 있을꺼다.

'언잰가 다시 만나겠지?'
낸성각하고 슾을 다시 힌번 슾을 흔들었다.

단풍잎배의 인생도 즐거울 비니이다......

자연에 동화된

아동의 드로잉은

자연스럽고

소중한 의미가 있다.

너 어디 가니?
만옥

단풍잎
배
김 승 연
나뭇잎 배와 단풍잎 배는 모험을 떠난다.
모험 떠나 육지에 닿아서 나를 기억해줄까

이름 :
뾰족이

민우

<동현> 7.7
소금쟁이
이드
황금쟁이

<소금 쟁이>

이름 : 소금돌이

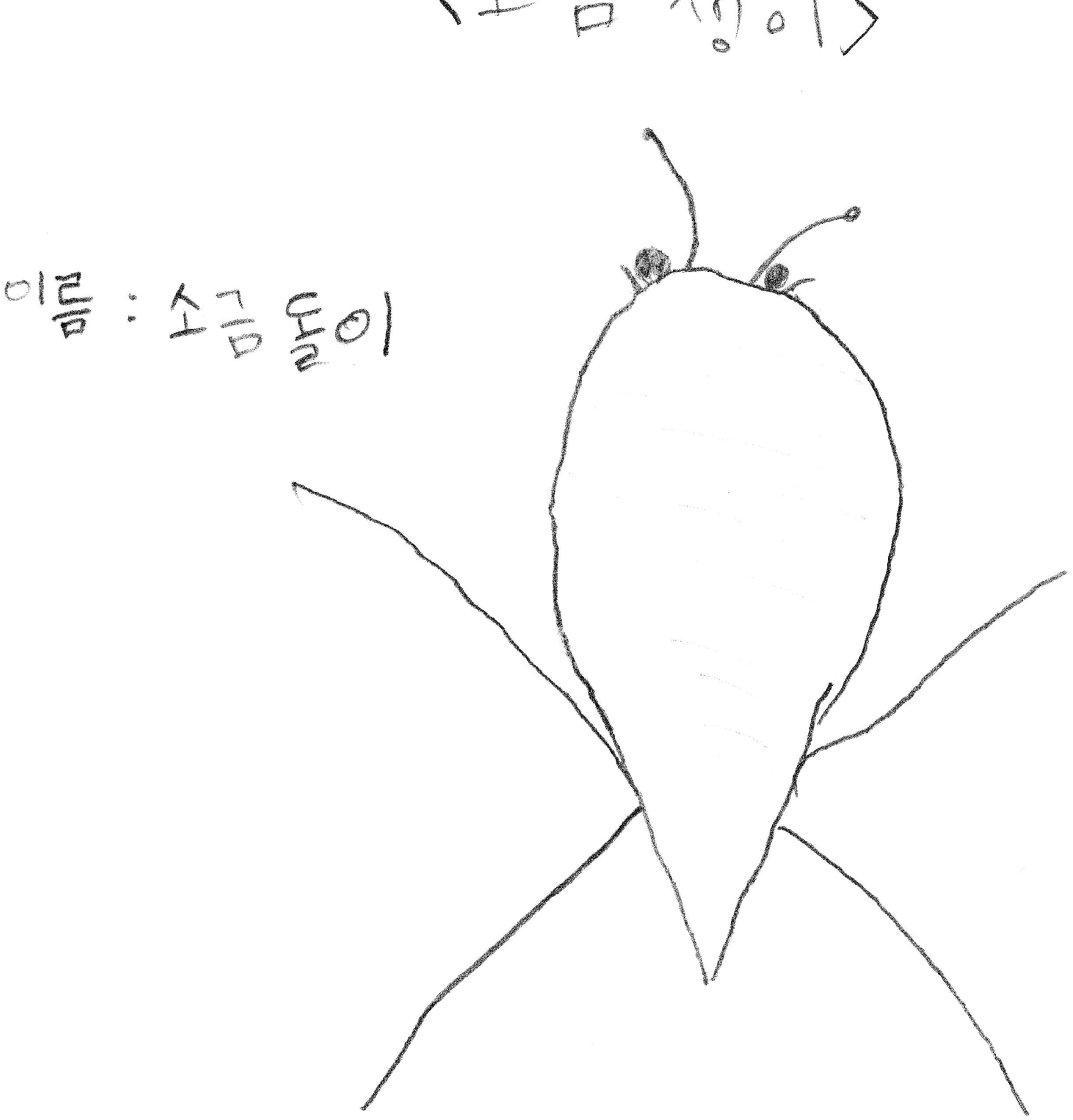

시냇가에 놀러 온 윤주(8세)는 발가락을 다쳐서
그날 바위 위에만 앉아 있었다. 자연 속 자신을 그린 그림

자연과 더불어 아이를 사랑하며

현대는 자연스러운 소음조차도 애정 어린 눈으로 보지 않는 디지털 시대이다. 이는 인간의 편리함과 풍요함의 추구로 끊임없이 더욱 심화되며 악화되고 있다. 인간은 이러한 편리에 익숙해짐에 따라 그것으로 인해 축소되고 사라지는 것에 대한 소중함을 인식하지 못하고 있었다. 그러므로 우리에게 가장 친근한 주변의 자연은 별다른 소중함에 의거한 관심의 대상이기 보다는 득을 위하여 버려지는 대상으로 또는 소비의 대상으로 여겨지기도 하였다. 자연은 분명 그 우위에 대한 가치를 지녀왔음에도 불구하고 인간의 자연에 대한 관심과 애정은 아직도 무시되거나 소수에 의해 지속되고 있다.

시대의 변천은 자연이 인간에 대한 인내의 한계를 드러내며 우리는 그 한계를 우리들의 잃어버리고 그리워하는 것들에 의해 발견하게 되었다. 그러므로 자연에 대해 인간이 우위에 서기보다는 자연과 인간이 서로 존중되어야 하는 인식을 필요로 하게 되었다. 이것은 인간이 자연을 보호하는 관점에서 보다 더 나아가 자연을 인정하고 자연과 인간과의 동행을 의미하는 것이다. 바로 이러한 동행은 미술교육과도 괴리될 수 없으며 미술교육의 실천도 이러한 맥락적 요구를 반영하여야 함이다.

이전의 야외 미술은 자연을 도구나 용구로 삼아 단지 미술을 표현하는 것에서 그치거나 자연 자체를 이용하여 덧붙이는 등 자연을 무의식적으로 가해하고 미술을 위하여 자연이 이용되는 미술 우위에 작업들이 주류를 이루었다고 하여도 과언은 아닐 것이다.

즉 시대에 따른 맥락적인 요구들에 대하여 미술교육 또한 일 진보가 필요함이다. 아동이 자연과 교감하고, 자연 속에 놓여짐을 경험하고, 자연과 연결되어지는 전인적인 인간이 되길 희망하며 자연과 자아를 함께 돌아봄으로써 자연스러운 미술적 이해를 동반하기 때문이기도 하다.

경험에서의 조작과 자연적인 힘이 가장 완전하게 통합되는 예술에서 발견된다는 듀이의 말처럼 이러한 실천은 자연 속에서 미술을 느끼고 미술 속에서 자연을 느끼게 되는 것이며, 미술을 위한 목적으로 자연을 사용하는 것도 아니며, 자연을 느끼기 위해 미술을 사용하는 것 또한 아니다. 바로 하나 됨에 의미와 가치를 두는 것이다. 나아가 우리의 주변 환경에 대한 사랑이 마음과 신체에 자연스럽게 배어들어 환경이 삶의 애정 어린 관심의 대상이어야 하며 동행자임을 인식하기 위한 교육이어야 하는 것이다.

이에 본서는 위와 같은 맥락에 부합하고자, 2004년 4월부터 2005년 2월까지 약 10개월간 대구의 해아 미술교육연구소 어린이들과 자연을 통한 통합적 생태 미술활동을 가졌다. 아이들은 자연에 대한 교감과 그 만남 속에서 사연과 하나 되고, 즐거이 담색하며, 표현으로서의 미술보다 이해로서의 미술로 경험될 수 있도록 배려하였다. 이를 통하여 어린이는 자연을 발견하고 자연과 친구 됨으로써 미술과 자연을 이해하는 경험을 가졌다. 이 활동에는 약 20여 명의 연령이 각기 다른 5세~11세의 어린이가 참여하였으며 함께 연구에 참여한 교사는 기록과 녹취를 통하여 현장의 어린이의 반응을 생생하게 담고자 하였다. 이는 교사의 시각에서가 아니라 어린이의 시각에서 자연에 대한 공감과 그에 대한 이해를 담아내고 싶었기 때문이다. 본서가 생태적이며 자연을 통한 완전한 통합적 미술교육이라고 이분법적인 논리를 적용하는 것은 교만이다. 다만 그를 위한 작은 시도였음을 밝혀둔다. 그러므로 본서의 시도들이 아이들에겐 자연을 통한 소중한 경험의 기회가 될 수 있는 계기가 되었으면 하며, 교사와 어른들에게는 자연을 통한 미술교육의 실천에 또 다른 인식의 변화를 가져올 수 있는 좋은 매개체로서 활용되길 소망한다.

본서를 위하여 아이들과 안전한 동행을 함께 해주신 주님과 도와주신 김연지 선생님, 전선아, 김윤아 선생님께도 고마운 마음 전하며, 출간을 위하여 애써주신 다음세대 관계자 여러분께 감사함을 전한다.

연구실 창밖 욱수골과 함께 한 어린이들에게 고마움을 전하며…….

박라미

1. 들어가기

땅, 하늘, 물, 등의 자연은 우리 주변에 늘 있지만 그 혜택에 대하여는 민감하지 않다. 하지만 이들 중 어느 하나도 중요하지 않은 것은 없다. 그 안에 인간이 있기 때문이다. 이전에는 자연이 인간보다 우위의 위력을 지니며 인간은 무조건적으로 순종했던 시대가 있었으나, 인간들이 삶의 편리함을 향해서, 그래서 좀 더 자극적인 것에 유혹되어, 삶의 유용성을 위한 무분별한 산업의 확대 등으로 인하여 그 주객의 위치는 바뀌게 되었다. 하지만 이러한 인간의 과욕은 다시 인간으로 하여금 자연과 교집합적으로 회귀하려는 노력을 요구받게 된다. 이러한 요구는 인간으로 하여금 자연과의 관계에서 무조건적인 우위를 차지하려는 과욕은 자제되었으며 자연과의 관계 개선을 위한 다양한 과제들을 실천하게 된다. 이는 교육에도 영향을 미치며 인간과 자연과의 상생 관계의 회복, 생태계를 살리는 새로운 인간의 노력, 생태학적 문제를 야기시키는 사회구조의 개선, 그리고 새로운 생태를 위한 생태윤리 실천 등의 새로운 교육학(생태 교육학)(노상우, 2003)이 등장하게 된다.

현대에 이르러 인간이 자연을 인식하는 것은 자연에 대한 동등한 자격을 인정하는 것과 별반 다르지 않으며, 이로 인하여 전제적인 자연에 대한 인식을 갖기 보다는 자연의 입장에서 인간을 바라보는 관점으로 이해하듯 그리고 자연에 대한 혜택을 무조건적으로 요구하기보다는 인간과의 관계 재고를 통해 상생 관계를 회복하는 것이다. 이를 통하여 자연에 대한 보호적 차원과 공유적인 삶을 추구하는 것이라 하겠다. 나만(Naumann, 1999)에 의하면 인간을 둘러싼 외적인 개념으로서의 환경으로써가 아니라 인간과 면밀한 관련을 맺고 인간과 공히 함께 존재하는 환경으로 변화를 추구하여야 한다고 강조한다. 이는 교육의 실천에 있어 바람직하게 적용될 수 있어야하며 교육적 측면에서 보다 강조한다고 하여도 과한 것은 아닐 것이다.

아동은 성인에 비하여 자연과 보다 쉽게 동화 될 수 있으며 자연에 대하여 소득을 먼저 생각하기 보다는 자연과 벗 되는 것에 보다 긍정적인 태도를 보일 것이다. 이러한 자연에 대한 태도는 자연을 점유하는 관계, 자연을 소비재로 생각하는 관계와 다른 것이다. 즉 자연의 존재는 아동에게 친구들과 동일하게 생각할 수 있는 친숙하면서도 존중되어질 수 있는 존재가 되어야 하겠다. 그렇다면 생태적 교육을 통한 아동과 자연과의 관계는 수평적인 관계를 맺을 수 있어야 할 것이다. 이는 이미 교육에서 자연을 인간과 더불어 함께 하여야 함을 강조하고 있으며 자연의 미시적인 것에서부터 소중한 관계를 형성하고 이전의 관계를 재고하고 회복할 수 있어야 한다. "만물은 서로 연관되어 있어 우주 속에 자기만의 자리를 차지한다. 별, 지구, 암석, 모든 생물의 형태는 서로 밀접한 관련을 통하여 전체적인 것을 이루며 이 관계는 예를 들어 작은 들을 알기 위해서는 큰 태양을 알아야 할 정도로 서로 밀접하다(이명환, 2003). 그러므로 이러한 관계 형성은 생태교육에 있어 중요한 부분이며 권장되어야 할 부분이다.

미술교육은 아직 생태학적인 접근 사례가 그다지 많지 않다고 할 수 있으며 자연과 관련한 미술적인 부분도 인간과 자연과의 시대적 관계들의 변화와 무관하지 않다. 인간은 미술을 표현하기 위해 자연을 이용하였는데 이는 자연의 본질적인 것을 왜곡하거나, 희석하여 인간의 표현의지를 통하여 자연을 말살하는 경향이 나타나기도 하였다. 현재에 이르러 자연과 더불어 함께 하려는 노력들은 미술의 다양한 작업을 통하여 이루어지고 있으며, 이러한 미술표현들은 자연과 분리되거나, 자연을 외면하기보다는 합일되거나, 오히려 '속함' 을 통하여 보다 구체적인 인간과 자연의 관계를 표현하기도 한다. 하지만 미술교육은 이러한 부분에 민감하였다고 볼 수 없다. '하기 위한 미술교육' 을 위하여 자연은 도구에 불과한 경우도 있었으며 학습자가 자연과 교감하고, 자연과 대화를 시도하고 또한 이를 통하여 미술적 이해를 도출하는 것과는 거리가 있었다.

미술교육 역시 자연에 대한 맥락적 요구를 수용할 수 있어야 할 것이다. 이를 위하여 미술교육은 미술교육을 위하여 자연을 돌아보는 것이 아니라 자연과 공유를 통한 미술교육을 생각할 수 있어야 한다. 이를 통하여 자연과 세계를 함께 봄으로써 자연을 막연한 숭배의 대상으로, 또는 의미조차 없는 주변의 대상으로 보는 것에서 한 걸음 진보하여야 한다. 즉 인간과 자연과의 관계를 지각하고 무엇을 자연과 더불어 행할 수 있는지 생각할 수 있어야 할 것이다. 아동은 이를 통하여 자연과 세계에 보다 구체적인 의미부여가 가능할 것이며, 교육을 통하여 자연과의 관계를 통한 보다 새로운 의미 산출이 가능할 것으로 본다.

자연환경을 염두한 교육은 인간환경에 대하여 어떤 관련성이 있는지에 관한 이해 교육이며 관계를 통한 교육이다. 교사의 주도에 의하여 아동이 자연과 관계하기 보다는 아동이 자연과 함께함으로써 자연스럽게 내부로부터 일어나는 미술활동을 통하여 관계 형성이 이루어질 수 있도록 해야 하며 또한 자연을 통하여 미술적 이해가 능동적으로 일어날 수 있어야 한다. 즉 자연을 통한 미술은 자연과 매개하는 것으로 다분히 미술적인 것에 편중하기 보다는 미술과 자연, 그리고 아동(인간)이 자연스러운 이 삼각구도의 관련성을 이해하고, 이를 존중하고, 이를 통한 공유적 삶으로 실천 될 수 있어야 함이 그 궁극적인 목적으로 볼 수 있겠다.

현대는 인간의 메마른 정서와, 기계문명으로 인하여 무디어진 감각, 소통의 불가능을 통한 소외로부터 자연으로의 회귀를 회복하려 한다. 이러한 욕구는 인간간의 관계 회복과 인간과 열려진 세계와의 관계 회복 그리고 자연을 통한 관계 회복을 통해 그 희망의 의미를 찾고 있는 것이다. 지배를 당했던 자연에게, 지배했던 자연에게, 수평적 관계를 위한 인간의 '청함'의 제스츄어라 할 수 있겠다. 미술교육은 다양한 환경들과 자연스럽게 일치될 수 있다. 미술교육은 모든 문화적 환경, 조형적 환경, 자연환경, 인간의 관계 양식을 학습하는 교과로서 환경교육과는 밀접한 관련이 있다(김향미, 2004).

본서에서는 2004년 4월부터 2005년 2월까지 약 10개월간 대구의 해아 미술교육연구소 어린이 회원들과 자연과 함께 하는 생태미술활동을 통하여 위와 같은 생각을 실천해 보았다. 이 기간 동안 어린이들은 자연과의 교감을 통하여 자신과 자연, 그리고 미술과 자연에 대한 이해를 보다 쉽고 즐겁게 경험할 수 있었으며, 계절에 따른 다양한 활동들을 통하여 교사와 연구원들이 의도한 교육적 목적을 초월한 자연과 관계한 미술의 발견, 그리고 자신과, 우리를 통한 자연을 발견하는 중요한 추억이 되었다. 다음과 같은 구체적 추구목적을 가지고 실천하였으며 이를 정리하면 다음과 같다.

첫째, 나를 인정하듯이 자연을 인정하고 공유적인 어울림으로 미술을 경험한다.
둘째, 자연을 통한 미술을 자연의 혜택으로 이해함으로써 자연에 대한 겸손함을 가지며 지속적 관계
　　　개선을 통하여 보다 자연 친화될 수 있어야 한다.
셋째, 자연, 아동, 미술, 그리고 우리 모두는 하나였음을 이해한다.

2. 나를 인정하듯이 자연을 인정하고 공유적인 어울림으로 미술을 경험한다.

아동에게 있어서 자연은 충분히 또래들과 같은 즐거움과 기쁨을 선사한다. 어린이들과 만나는 자연은 성인의 그것에 비하여 열려 있으며, 배려 또한 사랑스럽고 아름답다. 이는 어린 어린이의 경우 그들의 말 속에 이미 배어 있음을 알게 된다.

"선생님, 풀이가 아파요?"
"나무야, 왜? 그렇게 컸어? 하늘 비를 많이 먹었니?"
"나도 밥 많이 먹는데…."
"선생님, 나무는 해님이를 사랑해요. 왜 그런지 아세요?"
"나무들은 해님에게 가려고 쑥쑥 크잖아요?"

이처럼 어린이에게 자연은 열려 있으며 자연과 어울릴 준비가 이미 되었다고 하여도 과언은 아니다. 풀 한

포기, 부는 바람, 나무를 오르는 청솔모 등… 자연은 어린이에게 의미가 아닌 것은 없다. 어린이의 자연에 대한 열린 마음은 자연에 대하여 보다 긍정적이며, 구체적으로 관련을 맺는 의미 있는 활동이 가능하다. 여기서 '의미 있는 활동'이란 자연과 교감하는 것보다 확대되어야 한다. 즉 어린이는 자연과의 관계를 통하여 자연과 함께 하는 활동을 경험하며 이로써 자연에 대한 인정과 공유적인 어울림 또한 미술활동을 통하여 경험하게 되는 것이다. 자연과 함께 실천되는 미술활동은 자연을 지배할 수 없으며, 한편 자연은 미술활동을 포함할 수 있는 것이라야 한다.

자연에서 어린이의 미술활동은 자연과 미술경험이 함께 어린이의 내면에 화석화 되는 경험으로 실천될 수 있도록 도와야 한다. 이러하므로 교사에 의하여 일면적으로 추진되는 미술활동이 되지 않아야 함이다. 충분히 아동과 자연과의 교감을 통한 관계가 형성될 수 있어야 하며 이를 위해 교사는 어린이의 생태적 감수성의 자연스러운 자각을 도와야 한다. 노명려(2000)에 의하면 생태적 감수성은 우리 자신의 생명과 우리 주변의 모든 생명이 하나로 어우러짐의 의미 자각을 강조한다. 그러므로 교사 자신의 교감된 바를 전하기보다는 어린이를 통하여 어린이 자신의 감수성이 자각될 수 있어야 한다.

자연에서의 미술활동은 일 주제, 또는 교육적 목적의 실천을 위하여 추진되기 보다는 어린이에게 자율적 행동으로 일어날 수 있어야 한다. 이로써 어린이와 자연과의 능동적인 관계 성립은 가능할 것이며 가르치고 배우는 상호작용은 사람과 사물, 자연에까지 확장된 개념으로서의 상호작용은 모든 우주만물의 존재의미와 그 관계를 이해하는 것(김은주, 2004)으로 확장될 수 있다. 이러한 이해는 자연을 통한 어린이의 학습적 경험 또한 확대할 수 있다. 학습적 경험은 자율적으로 관계 성립될 때 교육적으로 바람직하며, 어린이에게 있어 의미 있는 체험을 가능하게 함으로써 보다 나은 새로운 체험을 가능하게 하기 때문이다.

자연을 통한 아동의 경험은 보다 다중적인 의미들과 만난다. 또한 다양한 감각을 교육적으로 동시에 동반한다. 그러므로 폐쇄적인 공간에서의 미술활동보다는 다양한 상황을 만나게 되며 이는 대인, 자연의 대상들과 끊임없는 언어적, 비언어적 사고활동을 동반하며 보다 역동적인 상황들을 통하여 어린이의 경험은 질적, 양적으로 풍성해질 수 있다. 이러한 경험은 단일의미로 일축할 수 없다. 박철홍(1995)은 이상적 경험 즉 교육적 경험은 지식을 지식을 가져오는 지적, 과학적 경험에 의하여 완전히 정의될 수 없다고 보며 그것은 예술적 경험을 모범으로 하여 축출된다고 강조한다. 이 이상적인 경험을 듀이는 하나의 경험(an experience)또는 완결된 경험(consummatory experience)이라고 부른다고 지적하면서 완결된 경험은 행위적, 지적, 심미적 측면 어느 하나에 의하여 이루어지는 것이 아니라, 이러한 모든 경험의 현상들이 통합되어 있는 경험임을 강조한다. 또한 경험의 구조에 있어서 일차적 경험의 단계에서 시작하여, 반성적 경험의 단계를 거쳐 결합된 경험의 단계에서 끝을 맺는 것으로 정의한다. 자연을 통한 경험은 이러한 '하나의 경험'에 접근 할 수 있으며 이는 어린이 자신과 분리되지 않은 경험으로 오래도록 어린이의 삶을 통하여 기억되고, 적용되고, 반성됨으로 지식으로 발현될 가능성이 높다. 하지만 이러한 바람직한 경험에서 어린이는 자연과의 관계에서 또래와의 관계와 다른 무언의 심상의 대화를 경험하게 된다. 어린이는 무언의 대화이지만 자신을 절제하고 구조적인 실내 활동과 다른 자연과의 구체적 대화가 가능하며, 이를 통해 자신을 드러내며, 또한 자연을 받아들인다.

어린이는 식물과의 만남의 과정에서 때로는 자신의 삶의 이야기를 털어놓는 인격적 대화의 대상이 되기도 한다. 이를 통해 정서적 감상적 교류를 하는 생명체로서 식물과 친구가 되어진다(권미량, 2004). 이는 자연이 물질적인 존재로서가 아닌 생명체로 다가오며 이는 자신과 다름없는 생명의 존재로 인식하게 된다.

　　자연을 인정하는 것, 자연에서 생명을 느끼는 것, 그리고 그 안에 자신이 있는 것을 발견하는 것은 자연을 통한 생태교육의 궁극적인 목적이라고 할 수 있다. 이는 인간과 자연이 서로에게 첨부 되거나, 관계하지 못하는 일부가 되는 것이 아니다. 생태교육의 근본개념을 통하여 이점은 더욱 확실한 정의를 갖고 실천되어야 하겠다.

〈표1〉 생태 교육적 개념과 생태 미술 교육적 개념 특징 이해 (김은주, 2003 참고)

생태 교육적 개념	생태 미술 교육적 개념	비　　고
생태 지향적 가치와 자연 친화적 교육의 실천	생태 지향적 가치와 자연 친화적인 교육이 미술적 경험과 분리되지 않는 실천교육	공생과 상생의 정신이 토대가 될 수 있도록
전통적 가치와 문화에 기여하는 교육	전통적 가치와 문화를 이해하며 사람과 자연이 미술을 통한 관계적 이해를 확장하는 교육	전통, 사회, 문화가 자연과 인간과의 수직적이고 수평적인 관계를 아우를 수 있도록
교육에 앞서 생태적 시각을 가질 수 있도록 인식 전환	미술적 요소, 미술활동, 미술 영역 등을 이해하는 구체적 교육에 앞서 생태적 시각을 가지고 미술적 이해를 도모하는 교육	미술 안에 자연으로 보다는 자연과 미술, 자연으로부터의 미술로의 전환

3. 자연을 통한 미술을 자연의 혜택으로 이해함으로써 자연에 대한 겸손함을 가지며 지속적 관계 개선을 통하여 보다 자연 친화될 수 있어야 한다.

　　미술표현은 성인과 아동 공히 표현에 대한 내재적인 의미를 존중한다. 그러므로 미술로 자신을 표현하는 것은 주변의 모든 객관적인 것을 배제한 것이라는 인식의 오류를 범할 수 있다. 하지만 표현한다는 것은 외재적 자극이 중요한 역할을 한다. 즉 인간은 진공의 상태에서 미술적 자극이 없이 표현한다는 것 역시 불가능하다고까지 생각해 볼 수 있겠다. 미술을 표현한다는 것은 이미 외재적 자극이 있었음을 짐작할 수 있을 것이다. 외재적 자극은 특정한 무엇으로 정의할 수 없다. 이는 인식주체에 따라 동일한 자극이라고 하여도 각기 다른 인식을 하기 때문이며 각기 다른 인식에 따라 다른 표현을 하는 것은 지극히 자연스러운 것이라 할 수 있다.

아동은 각기 다른 미술적 문제를 만나고, 이를 해결하기 위한 절차적 과정을 경험한다. 이러한 일련의 과정을 통한 질적 경험은 아동에게 내재되고 화석화되어 학습자에게 중요한 경험으로 획득되며, 이는 미술적 이해로 귀결된다. 그러므로 아동의 미술 표현 역시 순차적이며, 동일한 특징이 나타난다고 하여도, 이는 아동 각자가 다른 지각과 다른 인식활동을 통한 문제해결의 결과라 할 수 있다(박라미, 2005). 이러한 미술활동을 자연을 통하여 이루어내는 것 또한 아동에게 자연에 대한 인식활동을 동반하지만 자연에 대한 생각들이 굳이 미술과 관련지어 부자연스러운 미술활동으로 나타나는 것도 바람직하지 않으며, 또한 자연을 미술의 일부 재료로 사용한다고 하여 자연을 이해하는 미술활동이 될 수 없고, 자연을 인위적으로 변형 왜곡을 한다고 하여 창의적인 미술활동이 될 수 있는 것은 더욱더 아닌 것이다. 생태학적 자연을 통한 미술교육에서 우선시 하고 전제되어야 하는 것은 자연스러운 상태에서 관계가 형성되는 것이어야 하며 이 관계를 통하여 능동적으로 자연과 상호 작용 할 수 있어야 하고, 또한 이를 통하여 발견할 수 있어야 한다. 자연에서 얻어진 소재를 가지고 직접 무엇을 만들어내는 행위는 인간과 자연과의 관계, 문화의 존재 방식을 체험할 수 있는 구체적인 계기가 될 수 있다(김향미, 2004).

자연에서의 미술활동은 자연으로부터 여러 가지를 제공받는다. 즉 자연으로부터의 무한한 혜택이 가능한 것이다. 재료와 매체적인 것도 그러하며, 공간적인 측면에서도 그러하다. 또한 이를 복합적으로 이해하는 과정에서도 보다 융통성 있는 변화를 개방적으로 도모할 수 있다. 이는 아동에게 의식, 무의식적으로 자연으로부터의 혜택을 경험하게 되며 이는 자연과 아동을 우호적인 관계로 연결할 수 있다. 우호적인 관계 성립은 다양한 관심사를 증폭시키며 1차적 시각으로 자연을 보는 것에서 보다 면밀하고 친근하게 자연을 보는 계기를 마련한다. 이러한 계기는 자연에 대한 우위적이고 지배적인 시각으로부터 우호적 시각으로 전환의 가능성을 높이며, 자연을 보다 이해로써 존중하게 되며 이에 근거하여 자신을 낮추는 겸손함을 깨닫게 할 수 있다. 이러한 인식들은 지속적으로 이전의 자연과의 관계를 이해하고 바람직하게 재설정하는 것이다. 곽은복(2005)에 의하면 인간을 자기 스스로 자연으로 인식하는 것으로 출발되어야 한다고 주장한다. 이를 통한 환경교육은 보다 본질적으로 생태적 감수성과 공동체적 정서, 전통과 미래 세대에 대한 가치, 생태윤리와 도덕을 위한 교육이어야 한다고 지적한다. 이는 자연에 대한 무분별한 배려라고 보기보다는 자연에 대하여 아동 자신의 위치를 발견하고 자신으로부터 자연에 대한 이해의 출발을 하는 것이다. 이 출발로 부터의 진행은 시·공간의 제약을 갖거나 제한적 기간을 두기 보다는 우리의 주변의 모든 사회와 문화와 관계될 수밖에 없는 자연과 지속적인 관계 개선을 도모할 수 있어야 할 것이다.

지속적인 관계 개선은 불일치와 갈등의 요소들을 축소할 수 있으며 보다 서로를 깊게 이해할 수 있는 기회의 가능성을 확대한다. 즉 관개 개선의 기회들은 보다 다중적인 경험의 기회를 부여하며 이는 자연과의 단편적인 상호 작용(interaction)에서 보다 확산적인 교호 작용으로 발전할 수 있다. 교호 작용(transaction)은 이라는 용어는 듀이의 기존의 상호 작용을 대체한 것으로 상호 작용하는 양자가 서로 영향을 주고받는, 시·

공간상의 확대된 인식 작용임을 부각시키는 용어이다(김무길, 2001). 이는 어느 한순간의 만남을 통한 상호 작용을 통해서 이루어지는 것으로 보기 어렵고, 양과 질에 있어 보다 확대된 이해가 필요하다. 그러므로 그런 기회가 많다고 하여도 질적인 관계여야 하며, 몇 번의 질적인 관계라 할지라도 여전히 문제의 소지는 있다. 이는 자연이 그대로의 부동의 존재로 아동에게 인식되는 것이기 보다는 아동에게 보다 살아있는 역동적인 존재로 받아들여질 수 있어야 할 것이다. 이는 자연과의 교호 작용의 가능성을 생각해 볼 수 있는데, 아동이 대하는 자연은 불변하거나, 보편적이고 일반적인 자극을 주는 존재, 또는 아동이 변화시켜야 변화 가능한 것으로 인식하는 것과 달리 자연에게도 인식작용이 있으며 이를 대하는 아동에게도 상호 인식적 활동이 가능하다고 보아야 하는 것이다. 이는 아동에게 일어나는 자연스러운 교감적 활동을 통하여 가능하다. 그러므로 자연에 대한 교호 작용 역시 자연과의 교호 작용을 통하여 파악되는 상황의 전체적, 질적 특성을 의미하는 것(김무길, 2004)으로 보아야 할 것이다.

자연에서의 미술은 자연적이며 미술적인 상황이 공존한다. 교실에서 이루어지는 미술활동과 달리 모든 총체적 상황이 보다 변화 가능하며, 그 상황을 맥락적으로 이해해야 할 상황이 수시적으로 일어날 수 있다. 이는 아동의 사고에 영향을 미치며 아동은 이를 위하여 자연과의 교호 작용이 필요한 것이다. 자연에서의 미술활동에서 표현적으로 가시화 되는 부분에 대한 수도권은 아동에게 일어나시만 아동은 자연과 공동적인 주도권을 가지고 있다고 보아야 한다. 이는 자연과의 관계에서 보다 바람직한 관계 형성을 이룰 수 있으며, 한층 더 교호 작용의 가능성을 확대할 수 있기 때문이다.

시대가 변화되면서 핵가족화 되었으며, 더 많은 여가 생활과 생활의 여유를 찾아 나서는 일이 비일비재하게 되었다. 하지만 오히려 이렇게 찾은 자연은 단지 보는 구경거리에 불과한 경우가 많으며 아동은 부모와 같이 동행하더라도 질적인 교호 작용의 상황을 만나기 어렵다. 직접 체험을 통하여 이루어지는 일보다 단지 '보여 지고', '보는 것' 으로 대신 되는 경우가 많기 때문이다. 아동이 자연을 보다 친화적인 존재로 받아들일 수 있는 것은 의도적인 학습적 분위기이기 보다는 자연으로부터 자극을 통하여 표현의 제안을 받을 수도 있어야 하며, 자신이 자연에게 제안할 수도 있어야 할 것이다. 자연스럽게 자연과 친화될 때 가능한 것이다. 아동은 이를 통하여 자연을 보다 생명을 지닌 존재로 인식할 것이며, 아동이 자연에서 표현하는 미술활동 역시 자신의 주관적 의미만을 강조하는 표현에서 탈피할 수 있을 것이다. 더 나아가, 자신의 표현을 자연에게 선사하는 의미로 발전할 수 있을 것이다. 이는 자연은 좋은 벗이며, 자신을 품으로 안는 소중한 관계임을 확인할 것이다.

아동과 자연은 자연스러운 친화를 통하여 관계를 지속적으로 회복할 수 있다.

이 회복의 의미는 깊은 이해의 '상호 작용' 즉 '교호 작용'을 통한 것으로 보다 알게 됨으로 자신을 낮추고, 서로가 우호적 관계를 도모하게 되는 것이다.

4. 자연, 어린이, 미술, 모두 하나

자연과 함께 하는 미술활동은 청각과 시각, 촉각 등 감각을 총체적으로 자극한다. 이는 동시적이며 통합적이다. 물 흐르는 소리, 바람 소리, 그리고 벌레 소리, 바람이 흔들어 논 잎들의 두 가지 이상의 초록 빛, 나무 색 같은 나무벌레, 물속의 돌들의 촉촉한 색, 모두가 그 자체로 미술적 요소를 가지고 있다.

"선생님. 여기 보세요! 돌에 색이 있어요. 신기한 색이 있어요!" "어 진짜? 빨간색이다!" "이건 파란 돌이구요, 이건 빨간 돌이에요!" "이건 햇볕에 비춰보면 무지개 색깔 같아요!"
어린이들은 돌에도 다양한 색이 있는 것을 발견하고, 색이 있는 돌을 찾기 시작했다.(59p)
위와 같은 활동들은 인위적으로 만들어진 행동이 아니다. 아동이 자연 안에 있음으로 발견되는 것이다. 이는 그저 '본 것'으로만 구체화 되지 않는다. 보는 것과 함께 동반하는 감각적 요소에 의하여 보다 질적인 구체적 의미를 동반한다.
자연스러운 미술적 이해는 의도적이고 주지적으로 도모되는 것보다 능동적이며 자율적인 이해이다. 이때 미술적 이해뿐만 아니라 자연의 이해도 함께 동반된다고 할 수 있다. 즉 "이건 파란 돌이구요, 이건 빨간 돌이에요!"라는 표현은 자연을 통한 미술적 이해인 것이다. 어린이들이 일반적으로 만나는 인공의 색과는 다르며 손에 닿는 촉감 또한 달라 '파란 돌'을 돌이라는 색 개념만이 아니라, 돌을 통한 파란색의 확산적인 이해인 것이다. 꽃을 볼 때 감각을 통해 꽃의 외형을 본다. 이는 외부세계의 현상을 감각적으로 이해하는 것으로 감각적 인식단계이다. 꽃이란 상(像)을 꽃이 피기까지의 생명력, 즉 보이지 않는 것으로 이해하는 것은 초감각적 인식의 단계이다(김정희, 2002). 자연으로부터의 미술활동은 교사가 일반적으로 설정해 놓은 미술교육의 단원적 목적을 초월한다. 이는 교사가 예측하지 못하는 어린이 나름의 감각적 인식에서 비롯되는 것으로 타자적인 이해이기보다는 자연과의 관계를 통한 자기 자신만의 가치있는 이해인 것이다.
자연과 어린이, 그리고 미술활동은 자연스럽게 하나가 될 때 자신의 것으로 획득된다. 이는 아동이 자신에게 전하는 깨달음의 메시지이다. 즉 교사에게 전이되어 깨닫는 것 보다는 자신의 총체적 지각과 감각을 동원한 깨달음에 접근한다. 이는 '본질적인 교육의 가치' 관점은 미술적 표현의 자극은 정신세계로부터 오며 예술적인 상상은 정신세계로 향하는 움직임으로서 미술활동은 초감각적 인식세계와 관계하여 나타나는 것(상게서)이라는 이해가 필요하다. 이러한 미술활동은 심상 속에서 하나 되어 분리되지 않아야 한다. 이것은 자연으로부터의 미술활동이어야 하며, 자연으로부터의 미술활동 안에 어린이여야 한다.
자연으로부터의 미술활동은 자연에서 비롯되는 것이다. 자연에서 이루어지지만 미술적인 요소에 편중되는 미술활동은 자연으로부터 교감할 수 있는 심상적 요소들을 오히려 제한 할 수 있다. 즉 자연으로부터의 미술은 자연 안에 있는 미술을 발견하는 것이며 이를 다시 자연으로 환원할 수 있는 것이어야 한다. 그러므로 미술을 위하여 자연을 활용하는 것과 구분되어야 한다. 이러한 관점으로 자연으로부터의 미술활동은 다음과 같은 사항을 유의, 배려하여 반영하여야 한다.

첫째, 미술활동을 위하여 자연을 동원하는 것으로 그 어느 한쪽에 치우친 미술활동이 되지 않아야 한다.
둘째, 자연으로부터 자연스럽게 끌어낼 수 있는 미술활동이어야 하며, 미술활동 중에 자연을 발견할 수 있어야 하겠다.
셋째, 수업목표를 위한 활동에 국한하여 활동을 진행하기 보다는 자연과 어린이, 미술활동이 긍정적으로 통합되어 하나 될 수 있도록 여유 있게 진행되어야 한다.
넷째, 활동을 통하여 자연을 보다 새로운 안목으로 회귀 인식할 수 있도록 배려하여야 한다.
다섯째, 인공적인 미술적 재료의 사용이 이질적이지 않으며 자연에 융화될 수 있어야 하며 이는 인위적이기 보다는 상황 속에서 자연스럽게 적용, 수용되어야 한다.
여섯째, 자연에 대한 아동의 인식 수준에서 출발할 수 있도록 배려하며 무조건적인 놀이형식이기 보다는 놀이를 통한 발견, 심상을 통한 깨달음, 자연과의 융화가 이루어질 수 있도록 보다 개방적이며, 융통성 있는 형식을 적용할 수 있어야겠다.
일곱째, 자연으로부터의 미술활동을 순차적인 활동으로 실천하기 보다는 아동에 의한 역동적인 실천을 장려하여 실천할 수 있도록 한다.
여덟째, 어린이가 자연으로부터의 미술활동을 통하여 자신과의 관계를 이해할 수 있도록 하며 한정적인 시간과 공간에서의 활동이기 보다는 시간과 공간을 확대한 다양한 활동을 통하여 지속적으로 이루어질 수 있어야겠다.
아홉째, 자연으로부터의 미술활동이 일회성 미술활동으로 끝나기 보다는 의미를 확대하여 자연을 단지 보호의 대상으로 인식하는 것에서 미래의 자신의 삶에서도 자연과의 관계를 이해할 수 있어야 하겠다.
열 번째, 어느 한 부분에 편중된 자연환경을 인식하는 미술활동이기 보다는 총체적인 자연환경을 고려할 수 있는 미술활동으로 아동 자신의 주변 환경을 친근하게 이해함으로써 환경에 대한 이해를 인간과 관계한 사회, 문화적 환경, 자연, 지역, 나라 등으로 확대할 수 있도록 하는 배려가 필요하다.

인간은 사회, 문화적 환경과 자연환경에 둘러싸인 삶을 산다. 이는 어린이에게도 적용되는 것이며 또한 인식되어야 할 과제인 것이다. 그러므로 환경으로부터의 미술활동, 자연으로부터의 미술활동은 어린이에 의하여 하나로 인식되고 집약될 수 있어야 한다. 콥(Kdich Kobb, 1959)에 의하면 "보다 풍요롭고, 창조적인 환경과의 관계를 개선하고자 희구하는 일은 이 전개가 지니는 조형에너지의 해방자로서 작용하는 문화적 의도와 사회적 목적을 끊임없이 확대할 것을 필요로 한다고 강조한다." 환경과 자연으로부터의 미술활동은 이제 단지 자신을 표현하는 의도에서, 또는 자연의 웅대함을 이용하는 것에서, 생태학적 관점이 고려되지 않은 자연이 도구가 되어 표현되는 것에서 개선되어야 한다. 이는 지속적인 관계 활동을 통한 개선과 맥락적 요구가 반영되는 미술활동으로 전개됨으로써 다양한 활동으로 표현되어도 그 궁극적인 목적은 관계를 통해 자연, 어린이, 미술이 하나 될 수 있도록 배려하여야 할 것이다.

인간은 자연과 오래 전부터 관계 하였으나, 자연을 인정하고 겸손함으로 대하기보다는 우리가 순종하여야 할 대상으로, 또는 지배의 대상으로, 소득의 대상으로, 문명의 수단으로 인식하였다. 시대가 흐르면서 이러한 관계를 회복하려는 노력이 경주되고 있으며, 이러한 맥락적 상황은 교육에 영향을 미치게 되었으며, 미술교육에서도 이를 반영하게 되었다. 자연으로부터의 미술활동은 무조건적인 자연에 대한 순종이나 지배적인 관계를 배제하고 어린이와 자연과의 동등한 관계 형성에서 출발한다. 그러므로 미술활동은 어린이가 자신을 자연 속에서 인정하며, 자신의 내면적인 것으로부터 자연을 인정하는 것에서 출발 되어야 한다.

자연으로부터의 미술활동은 우리에게 물질적인 것을 제공하는 입장으로 보는 것은 오히려 자연에 대한 무관심과 같다. 그러므로 자연으로부터의 미술활동은 자연을 살아있는 생명체로 인정함으로 활동을 시작하여야 한다. 또한 어린이 자신이 자연과의 심상적 대화를 이끌어내며, 자연에서 깨달음을 발견할 수 있어야한다. 자연을 통한 깨달음과 발견은 자연의 혜택을 구체적으로 이해함으로써 자연에 대한 겸손함을 가지게 되며, 자연으로부터의 교육에서 간과될 수 없는 중요한 부분이며 자연을 통하여 자연, 아동, 그리고 미술활동의 자연스러운 일치를 가능하게 할 수 있다.

아주 오래 전 우리는 지금과 같은 생태적인 변화를 이해할 수 없었으며, 불과 몇 년 전의 가치 있는 환경들이 오염되고, 파괴됨을 가시적으로 직감한다. 이러한 사태들은 그 회복을 주창하게 되며 우리와 관련한 우리 주변 환경의 개선을 지속적으로 생각하게 된다. 단지 자연의 보호를 목적으로 하기보다는 자연과 인간과의 관계에 대한 인식의 필요이며 이는 지역과 장소에 대한 구체적이고 질적인 문제들을 부각하게 된다. 즉 어느 한 측면으로 자연을 이해하는 것은 자연의 총체적인 것을 이해하는 데는 한계가 있음으로 자연의 미시적인 것에서 거시적인 부분에 이르기까지 총체적인 자연에 대한 관계 형성의 필요와 이전의 자연에 대한 인식의 변화를 요구하는 것이다.

인간은 홀로 살아갈 수 없으며, 주변의 환경과 또한 분리될 수 없다. 교육은 이러한 부분을 인식하는 데에서 출발하여야 한다. 자연으로부터의 미술교육 역시 우리 주변과 관계되는 것에 중요한 이해가 필요하다. 미술활동 역시 우리의 주변 환경에서 잉태되는 것으로 인식이 필요하다. 자연으로부터의 미술활동 역시 자연과의 이해를 포함한 바람직한 관계 형성, 그리고 자연 안의 어린이 자신, 자연 안의 미술로 관계를 이해하는 것을 의미하는 것이다. 이들 각각의 독립적인 특징을 희석하는 것이 아니라 그 특징을 자연 속에서 총체적으로 발견하는 것이다. 이를 통하여 그 관계는 지속되고 개선될 수 있다.

　앞으로의 미래에는 지금의 자연의 존속도 불투명할 수 있으며, 또는 왜곡되거나, 변형될 수 있다. 이러한 상황에서 바람직하고 지속적인 관계 개선은 지속적으로 도모되어야 한다. 자연, 인간, 그리고 그로부터의 활동은 하나가 됨을 추구하여야 한다. 이 '하나'의 의미는 누구도 우위에 서지 않으며, 누구도 일면적인 지배를 하지 않으며, 서로가 동원하는 수단이 서로에게 도움이 되고 배려가 됨으로써 하나로 일치되어 일어나는 심상적인 것, 정신적인 것의 일체를 의미하는 것이다. 이는 서로를 포함하고 서로를 존중하며, 서로의 특징이 살아 있는 것이어야 한다. 자연으로부터의 활동을 총체적으로 이해하는 것은 이를 발전시킴으로써 우리의 환경 의식을 돈독히 하고 그 개선을 추구하며 이를 통한 미술활동은 그 회귀 또한 자연으로부터의 미술이어야 하는 것이다.

참고문헌 ■ ■ ■ ■

김향미(2004). 환경교육에 기초한 미술교육의 가능성에 대한 고찰. 미술교육연구논총. 16. p95~108.

김무길(2004). 듀이의 상황 개념과 교육. 교육철학 32. p1~26.

______(2001). 듀이의 경험론에 내재된 transaction의 의미. 교육철학 25. p17~35.

김은주(2004). 예비교사의 생명체험에 관한 문화 기술적 연구. 생태 유아교육연구. 3-1. p167~188.

______(2003). 한국 유아교육의 정체성 확립을 위한 대화와 토대생태유아교육의 사상체계에 관한 연구. 한국유아교육학회. 19-44.

김정희(2002). 슈타이너 교육이념에 기초한 미술교육이론의 실제. 조형교육. 20. p81~106.

곽은복(2005). 생태 지향적 관점에 의거한 유아 환경교육의 전망. 아동교육. 14-1. p83~96.

권미량(2004). 아이와 식물의 만남에 대한 문화 기술적 사례연구. 생태 유아교육연구. 3-1. p145~166.

노명려(2000). 유아교육의 생태학적 각성. 처음처럼. 22. p17~21.

노상우(2003). 생태적 담론의 교육학적 함의. 교육학 연구. 41. p1~21.

박라미(2005). 미술교육에서 역동적 평가를 통한 학습자의 미술 중재학습경험 이해. 조형교육. 25. p157~184.

박철홍(1995). 듀이의 하나의 경험에 비추어 본 교육적 경험의 성격. 교육철학 13. p89~109.

이명환(2003). 독일의 숲 유치원에 관한 연구. 유아교육연구. 23-4. p23~48.

Kdich kobb(1959). The Ecology of Imagination in Childhood.(김향미, 2004. 재인용)

Naumann(1999). Waldfuhlungen, okotopia Verlag, Munster. p12~55.

야! 바람아! 이야기 해 볼래!

해 흐리 물 바람 그리고 아이

◀ 흐린 하늘이 파랗게 됐어요!
숲 속에서 하늘을 쳐다보는 아이

"선생님 빨개요!"
"이 세상이 모두 빨간색이에요!"
"노랑이랑 빨강이랑 노을이 됐어요!"
아이들에게 색 셀로판지는 탐색의 시간을 가지게 한다.
아이는 자연스럽게 얼굴에 가져가 보았으며, 이리저리 다른 색을
바꾸어 보기도 하였다.

"우와, 마술 종이 같아요!"
"색이 섞여요!"
· "어떻게 하면 색을 섞을 수 있어요?"
"이렇게 노랑이랑 빨강이랑 겹치니까 주황으로 보여요!"
· "그럼 세상이 어떻게 보일까요?"
"하늘이 노을 진 것 같아요!"

▲ 슈퍼맨이 된 아이들은 색과 함께 소근거린다.

29

"여러 가지 색을 섞으면 검정색이 된다!"
"아니야! 다 합치면 검정색이 아니야 !"
· "그러면 조명 빛에 비춰보면 알 수 있을까요?
　어떻게 보여요?"
"어? 까만 색이 아니네?
　진짜 까만 색이 아니야!"
　이렇게 두 명의 아이가 색에 대한 공방이
　이루어지기도 하였다.
· "셀로판지는 이렇게 찢을 수도 있어요!"
"이렇게요?"
· "네"
"제가 찢은 건 다시마가 됐어요!"
"진짜 다시마 같죠!"
"이번엔 구름이에요!"
아이들은 저마다 찢은 모양에 의미를 담아 명명한다.

▲ 셀로판지가 붙여진 비닐 속으로 들어간 아이

색에 대한 탐색은 아이 스스로가 색 셀로판지를 겹쳐보고, 뒤집어 써 봄으로 시작되었다. 아이는 세상이 마술처럼 빨강이 되었다, 초록이 되었다 하는 것을 신기해 하였다. 빨강과 노랑이 만나면 노을 진 주황이 되고, 파랑색 줄무늬 티셔츠는 빨간 셀로판지를 만나 보라색 줄무늬가 된다는 것을 아이들은 이해하였다. 아이는 스스로 색과 함께 놀아 봄으로써 색에 대한 감동을 느끼고 체험한다. 그래서 색은 변화할 수 있는 의미가 된다.

실내에서 비닐에 다양한 모양으로 색 셀로판지를 붙이기도 하고, 비닐우산에 양면 테이프를 이용하여 아이들은 신나게 찢어 붙였다. 셀로판지를 두껍게 꼬아 비닐에 붙이기도 하고, 사람, 꽃을 만들어 붙이기도 하였다. 평소에 자신이 알고 있는 색을 비닐에 옮겨보기도 하고, 모양을 가진 색을 비닐에 붙여 아이들에겐 멋진 이불이 되기도 하였다.

아이들은 자신이 알고 있는 색에 대한 경험에 따라서 다양하게 표현하였다. 우리는 이러한 경험을 신체적 놀이와 함께 하기 위해 야외로 나갔다.

아이들은 색 셀로판지가 붙여진 긴 비닐과 비닐우산을 들고 야외로 나가자 마자 뛰기 시작했다.
"어? 빨간색이다!"
"파란색이 움직인다!"
한 아이가 색 셀로판지가 붙여진 비닐우산을 돌리자, 비닐우산의 빨간 셀로판지가 햇빛에 의해 시냇가 돌멩이 위엔 빨간색 그림자가 비춰졌다.
아이는 더욱더 우산을 빙빙 돌려본다.

　"셀로판지가 물에 빠졌어요."
　"빨간 미역 같아요!"　　"진짜로 미역 같아요!"
· "어? 정말 미역 같구나 !"
· "그럼 우리 미역을 많이 낚아 볼까?"
아이들에 의해 시냇물에 담겨진 빨간 셀로판지는 바위와 함께 빨간 미역 같아 보인다. 아이들은 더운 날씨에 흐르는 물속에 풍덩 앉아 색깔미역을 낚고 있고, 색깔들도 아이들과 함께 물속에 풍덩 들어간 것이다.
아이들은 색이 물속에 들어가면 미역이 될 수 있고, 색이 하늘에 비춰지면 노을 진 하늘을 볼 수 있다. 아이들은 장소에 따라 색의 경험을 달리하고, 이렇게 알아 가는 과정 속에서 일어나는 에피소드는 예측할 수 없는 다양한 활동을 동반한다.

◀ 물속에 풍덩 앉아 색을 낚고 있는 아이
너무나 진지하다.

▲ 조금만 기다리면 물고기도 올 거에요.

▲ 영차~ 나는 어부 아저씨에요.

냇가에서 아이들마다 다르게 색에 대한 탐색과 표현이 이루어 질 수 있는 것은 제한된 공간이 아닌 시공간의 경험이 보다 확대 될 수 있는 자연이기 때문이다.

바로 아이들에게 마음을 열어 자연과 대화하고 표현할 수 있는 기회를 주어야 하는 이유이기도 하다.

이러한 기회는 색 셀로판지의 표현이 단지 셀로판지에 머무르는 것이 아니라, 확장된 의미 창출을 경험하게 한 것이다.

▲ 빨간 미역 같아요~!

빨간 그림자가 생기는 우산 ▶

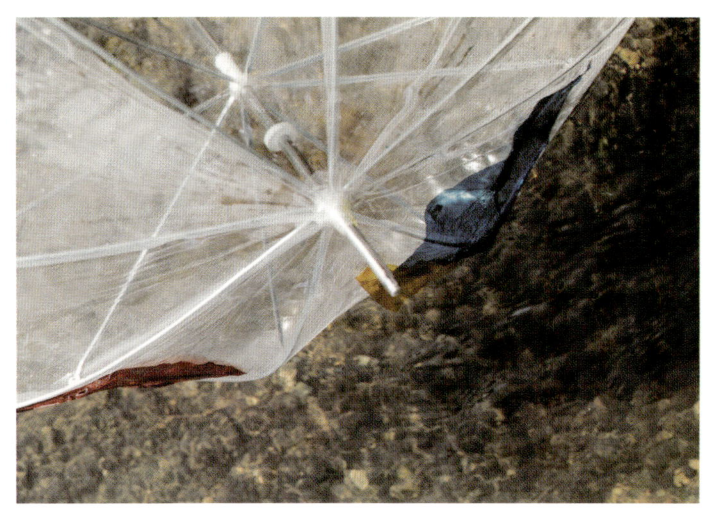

▼ 멀리 던져야 미역을 낚을 수 있어요.
길다란 셀로판지는 아이에게 낚싯대가 되었다.

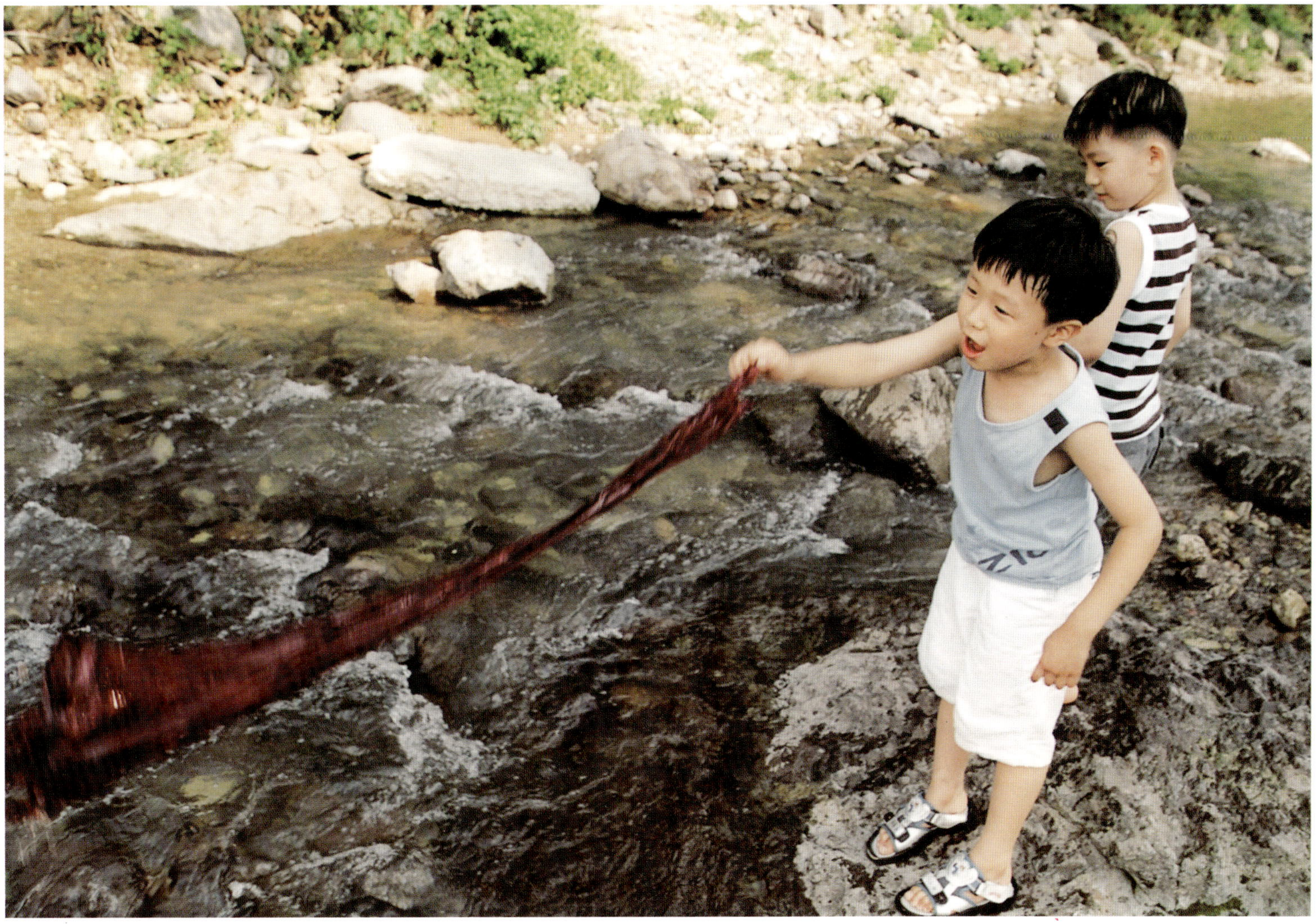

비닐 속 하늘 보기

활동목표
자연 속에서 색 셀로판지를 통해 비치는 색을 탐색, 색의 차이를 느끼고 경험해 보아요!

준비하세요!
색 셀로판지, 비닐(6마 이상), 가위, 양면 테이프, 비닐우산(2개)

이렇게 시작해요!
평소에 하늘을 보았을 때의 느낌은 어떤가요?
하늘의 색이 변한다면 어떤 모습일까요?
어떻게 하면 다양한 색을 가진 하늘을 볼 수 있을까요?

색 셀로판지로 놀아 보아요.
구겨보는 방법도 있고 물에 묻혀보는 방법도 있어요.
색 셀로판지는 손으로도 잘 찢어질 수 있을까요?
색 셀로판지를 통해 보이는 자연은 어떤 모습인가요?

색 셀로판지를 이용하여 비닐과 비닐우산에 찢어서 붙여 보아요.
예쁘게 붙인 비닐과 비닐우산을 쓰고 놀아요.
물속에 빠진 색 셀로판지는 어떤 모습으로 바뀌었나요?

감상해 보아요!
여러 가지 색으로 바라본 하늘에 대하여 이야기를 나누어 보아요.
2 가지 색이 섞였을 때는 어떻게 되는지 이야기를 나누어 보아요.
물속에 넣은 색 셀로판지와 햇빛을 투과시켜 본 색 셀로판지는 어떻게 다른가요?
놀이를 통한 색 탐색은 하늘을 감상하고 아이들의 정서와 사고 확장에 도움을 줍니다.

● 이웃도 어린이와 좋은 관계를 형성할 수 있는 중요한 환경 중의 일부이다.

●●●●●●●● 달려 봐! 어떤 소리가 들리지!

여러 가지 재활용 병과 캔 속에 모래, 콩, 못 등의 각각의 다른 물건을
집어넣어 아이들에게 소리를 들려주었다.

· "오늘은 퀴즈를 낼 거에요!
  그 대신 눈을 감고 잘 들어 봐야 알 수 있어요!"
  "샤삭샤삭!" "청천청친!"
· "무슨 소리일까요?"
  "누군가 오고 있는 소리에요." "콩콩 소리요!"
  "못 박는 소리요." "아니에요. 문을 두드리는 소리 같아요."

· "소리에 대한 생각이 친구들마다 다르게 여러 가지가 나왔어요!"
· "그럼, 어떻게 이런 소리가 만들어졌을까요?"
  "제가 해 볼게요." 빈병을 흔들어 보며 "어. 소리가 안나요!"
· "왜 그럴까요?"
  "병 안에 뭐가 없어서 그런 거야 !"
  "그래. 이렇게 부딪혀야 소리가 나지!"
생활 속에서 마시고 흔하게 보았을 음료수 병과 캔들을 바닥에 늘어 놓
았다. 그러자 아이들은 재활용 캔들에 대한 탐색을 요구하기도 전에 그
것들을 각자 두드려보고, 만지기 시작하였다.
  "선생님 저는 파도 소리를 만들었어요!"
· "그래? 어디 들어 볼까?"
· "우와. 진짜 소리가 '사샤샤' 하고 파도 소리 같구나!"
  "멋지죠!"
· "그래. 멋진 걸."
· "그럼 우리 각자가 생각하는 가장 소중한 소리 또는 가장 멋진
  소리를 만들어 보는 건 어떨까요?"
  "좋아요! 나도 할래요!"
  "나는 피아노처럼 할 거에요."

▲ 풀밭에서의 연주, 들어보세요!

아이들은 이내 내기라도 한 듯 어떻게 하면 가장 소중한 소리
를, 나름의 멋진 느낌을 들려줄까 고민하고 있다.
　　"선생님 들어 보세요. 저는요! 요구르트 병에다 모래만
　　넣었어요, 그래서 아기 소리가 되었어요."
　　"그리고 이 큰소리는 콩을 이만큼 반만 넣었어요.
　　정말 소리가 쿵하죠?"
·　"그렇구나. 그런데 콩을 왜 다 채우지 않고 반만 넣었어요?"
　　"그건 소리가 빠져나갈 수 있는 자리가 있어야 하니까요."
　　"다 채우면 밖으로 큰 소리가 나갈 수 없어요."
·　"우와. 그렇구나! 너무 좋은 생각이에요!"
　　"저는 다시 파도 소리를 만들었어요!"
·　"어떻게요?"
　　"이렇게 콩이랑 모래를 꽁꽁하게 넣은 거에요! 보세요!"
　　"파도 소리 같아요!"
·　"오! 정말 그렇구나. 조금 전과는 다른 파도 소리가 나는
　　것 같아요."
·　"네가 만든 소리를 다른 친구들한테 들려 줄래요?
　　친구가 만든 소리를 서로 들려주기로 해요."
　　"네!"

▼ 제 요요 좀 보세요.

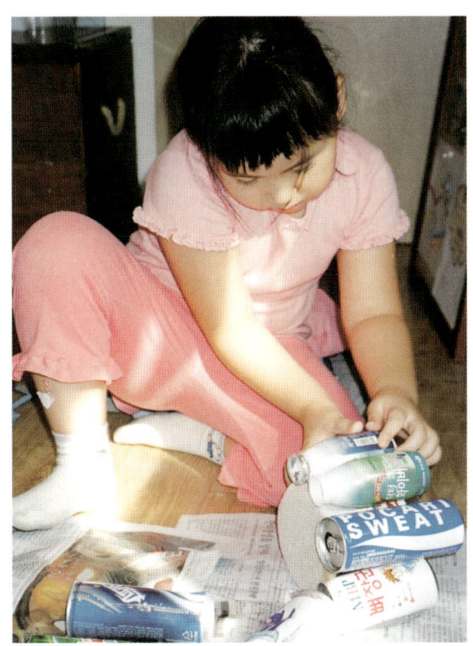

▲ 아이가 생각하는 소중한 소리는
　　작은북과 탬버린이 만나 내는 소리래요!

▲ 달리면 소리가 따라와요.

아이는 작은 소리는 부딪힘이 적게, 공간과 공간 사이의 마찰이 적은 모래로 꽉 채워 만들었으며, 큰 소리는 재료 자체가 알맹이를 가지고, 서로가 부딪힘을 줄 수 있는 양과 공간을 생각하여 만들었다.

바로 소리가 빠져나갈 수 있는 공간을 남겨 두면서 재료의 양은 소리의 크기로 연결되어진 것이다.

아이들은 큰 소리와 작은 소리를 만들면서 중간 소리를, 그리고 다시 작은 소리를 고민 고민하여, 여러 가지 재료들을 채워 보고 흔들어 보면서 만들었다. 곧 만들어진 소리는 각자의 생각과 연결되어 연상된 나름의 의미를 가진다.

· "선생님은 몸이 움직일 때 소리가 나게 만들고 싶어요!
　어떻게 하면 좋을까요?"
　"음~ 아! 이걸로 소리나는 목도리를 만들어요!"
· "어떻게요?"
　"여기에다 캔을 달아서 흔들면 돼요!"
　"요요처럼 만들어요! 그럼 흔들 때마다 딱딱 연주해줘요."
· "우와! 그렇구나! 그런 방법이 있구나!"
· "정말 멋있는 걸!"

아이는 길게 조각난 천을 목에 두르고 춤까지 춘다.

아이는 소리와 병의 개수의 연관성에 대해 병들을 낱개로 붙이기도 하고 묶어 보기도 하여 결국은 소리가 틀리게 난다는 것을 자랑스럽게 이야기한다. 병렬로 묶기도 하고 세로로 길게 연결하기도 한다.

소리는 어떻게 다르게 만들어질 수 있다는 것에 대한 체험은 이렇게 자연스럽게 스스로 자신의 악기를 만들어 소리를 내어봄으로써 자동적으로 알게 되었다. 갖가지의 소리는 재료와 재료의 양과 힘의 조절까지 모두 연결되어 있다.

"요구르트 병 한 개랑 세 개의 악기가 서로 다른 소리가 나요!"
"이렇게 흔들어도 소리가 나고요! 이렇게 흔들어도 소리가
나요!"
"가로로 흔들면 못 소리가 더 많이 나고, 세로로 흔드니까 콩
소리가 나요!"
"제가 내는 소리가 크게 나니까 한 번씩만 흔들게요!"
아이는 방향에 따라 달리 나는 소리를 왼쪽, 오른쪽 손을 흔들어가
며 발견하였다. 그리고 너무 큰 소리는 아름다운 소리가 아니라는
것으로 의미화하였으며 이것은 상황에 따른 자기조절에 의한 의미
를 부여한 것이다. 눈에 보이지 않는 소리는 아이의 몸과 수렴된 경
험으로부터 출발하여 표현되어진 것이다.

▲ 요구르트 병으로 만든 요요 악기의
　소리와 함께 춤추는 아이들

"악기들에다가 그림을 그려야지!"
종이를 접어 자신의 악기에다 붙이고 있는 아이. 리본을 악기에 묶
어 보기도 한다.
아이들의 소리에 대한 관심은 자신이 만들어 낸 악기에 대한 애착
으로 연결되어 자연스럽게 그것을 조형으로 표현하게 되었다. 선생
님이 먼저 악기를 꾸며 보면 어떨까가 아닌 자신의 자율적이고, 적
극적인 표현으로 다양한 악기와 연결된 것이다.

· "우리 이렇게 만든 소리들로 다같이 무엇을 하면 좋을까요?"
　"야외 음악회를 해요!"
　"우와!"
야외 음악회라는 말에 너무 신이 난 아이들…
드디어 아이들은 자신의 소리를 엮어서, 서로 박자를 맞춰 보기도
한다.

▲ 나는 소리 만드는 악기야! 뛰니까 더 신난다!

아이들 나름대로의 연주는 일반 악기처럼 아름답지 않아도, 자신들이 만든 소리를 가지고 다함께 연주를 하였다. 흥에 겨워 노래를 함께 부르기도 한다. 그리고 곧, 요요 악기를 만들어서는 공중으로 왔다갔다 쳐보면서 소리를 내기도 하였다. 이어 아이들은 야외로 나와서는 자신들이 만든 악기를 들고 신나게 뛰고 있다.

야외로 나온 아이들은 각자의 악기들을 땅 위에 쿵쿵 박아보기도 하고 풀밭과 나무 사이를 오가며, 노래를 부르고 있다. 소리에 대한 탐색은 우리가 주변에서 쉽게 볼 수 있는 재활용품을 이용하여 부딪혀 봄으로써 시작되었다. 처음엔 캔들을 무작정 부딪혀 소리를 내었으나, 곧 자신들의 소리를 악기로 만들어보는 과정 속에서 아이들은 소리의 원리를 경험하였다. 소리를 만드는 방법을 선택하고, 부딪힘의 세기를 조절하면서 자신만이 낼 수 있고 만들 수 있는 소리에 대한 경험을 가지게 된 것이다. 청각의 느낌은 말로하기엔 너무나 추상적이고 감각적이다. 하지만 소리는 아이 자신의 공감각을 끌어내게 하여 자율적 표현과, 자신을 들어내게 하는 교육적 효과를 가지게 하였다. 아이에게 지시하는 경험은 그만큼 타율적인 것이어서 개인의 성향을 느끼는 대로 나타낼 수 없다. 하지만 자연의 공간은 아이의 자율적 감성을 자연스럽게 끌어내어 함께 어울리게 하는 효과를 자연스럽게 가지게 하는 것이다. 즉, 자연을 통해 아이가 만들어 낸 소리는 보다 아름다운 의미를 갖게 된 것이다.

달려 봐! 어떤 소리가 들리지!

활동목표
재활용 캔들과 자신의 신체를 직접 움직여 소리를 만들어 보고,
재료에 따른 각각의 높고 낮음의 소리를 경험해 본다.

준비하세요!
재활용 캔(PT병, 음료수 캔, 유리병 등), 노끈, 모래, 콩, 못, 단추,
젓가락 등

이렇게 시작해요!
소리는 어떻게 해서 만들어질까요?
자연의 소리에는 어떤 것이 있나요?

각 물체마다 나는 소리는 어떻게 다를까요?
각자 소리 퀴즈를 내 보아요.
소리를 다르게 하려면 어떤 것을 넣으면 좋을까요?
다양한 소리가 나게 하는 방법은 어떤 것이 있을까요?

감상해 보아요!
친구들과 자신이 생각하는 가장 큰 소리와 작은 소리를 만들어
보고 들려주어요!
돌멩이를 넣은 재활용 캔과 그렇지 않은 캔은 소리가 어떻게
다른가요?

악기가 내는 소리와 어떻게 다른가요?
힘차게 달리면서 내는 소리와 천천히 걸어가면서 내는 소리는
어떻게 다른가요?
친구들과 함께 연주해 보아요.

▲ 내 배엔 바람을 밀어주는 장치가 있어요.

· "이 배는 어떻게 가요?"
　"기계가 있어요."
· "어떤 기계가 있나요?"
　"프로펠러를 돌게 하는 기계요."
　"도르래가 있어요!"
· "부딪혀서 돌아가는 거에요?"
　"네"
· "그렇지! 그렇게 돌아가는 거구나!"

· "그럼, 프로펠러를 위에 달아주는 건 왜일까요?"
· "프로펠러가 앞에 있는 게 잘 나갈까요?
　뒤에 있는 게 더 잘 갈까요?"
　"뒤에요!"
· "왜 그럴까요?"
　"밀어주니까요!"

· "그래요. 배를 밀어주는 건 또 뭐가 있을까요?"
　"바람이요!"
· "그럼, 바람을 많이 받으려면 어떻게 해야 되는지 생각해
　볼까요?"
　"바람을 넣어주는 장치가 있어야 돼요."

▼ 투명한 반원 통 배를 만드는 중이에요.

교실에서의 배 만들기 시간에 아이들은 자신만의 생각과 수렴된 경험들로 자신의 배를 만들었다. 아이들은 스스로 계획하고 만든 배가 냇가에 갔을 때, 어떤 모습으로 띄워질까 궁금하고 기대된다고 하였다.

· "자! 각자 만들어온 배를 띄워 보아요."
  "선생님! 제 건 풍선을 달아야 해요!"
· "어디에 달 거에요?"
  "여기 뒤쪽이에요! 두 개 있어야 돼요."

· "어떻게 하면 잘 나갈 수 있을까요?"
  "제 거는 풍선이 바람을 쓩 빼면서 갈 거에요."
· "그래? 그럼 어떻게 바람이 나올 수 있게 할거야?"
  "음~ 구멍을 내어서 바람을 빼면 어떨까?"
  "아! 풍선에다 테이프를 붙여서 바늘로 찌르면
  되잖아요."
빨리 풍선을 달아 물에 띄워 보고 싶어 마음이 조급해진 아이.

  "선생님! 풍선이 위로 올라가요?"
  "풍선 다 날라 간다!"
· "어, 자꾸만 위로 가네. 왜 그렇지?"
  "바람이 위로, 거꾸로 불어 서요."

아이들의 관심은 풍선에 바람을 빼는 방법에서 자꾸만 바람에 날려서 물에 둥둥 떠밀려 가는 풍선에게로 옮겨졌다. 아이는 자신의 배를 밀어주는 손의 역할만큼 배를 움직이고 밀어주는 바람의 역할을 느꼈을 것이다. 바람에 밀려 날아가다 물 위에 떠 있는 풍선, 아이들의 얼굴만큼 예쁘다. 스스로 계획하고 만든 아이들의 배들은 출항을 기다리고 있다.

▼ 얼른 띄워 보고 싶어요.
  풍선의 바람을 탐색하는 아이들

▲ 배 띄우기에 앞서 물속을 진지하게 관찰하고 있는 아이

“나는 배를 항구에 놔 둘 거야!”

“배가 다 항구에 있어요!”

· “자, 배 띄우기 시합은 조금 있다 하고 그전에 각자 배를 띄워 보자!”

“어! 제 배는 뒤로 가요!”

· “왜냐하면 조금 전에 풍선처럼 배에 바람이 들어가니까, 뱃머리를 거꾸로 해야지요.”

“그렇지!”

“자꾸 넘어져요!”

· “왜 그럴까요?”

“모르겠어요!”

“너무 가벼워서요!”

“그럼 돌을 얹어서 무게를 잡아봐요!”

“그래도 넘어진다. 돌이 너무 무거워서 그래요!”

“무게 중심을 잡아야 돼요!”

“내 꺼 뜬다.”

“야! 이제 내 것도 뜬다!”

“아싸! 가요!”

“이제 침몰 안 한다.”

아이들은 배의 무게 중심을 잡느라 고심이다. 아이들의 생각만큼 배가 물에 뜨지 않고 넘어졌다. 바람을 이기지 못하는 가벼운 스티로폼 배는 자꾸만 넘어진다. 몇 번이고 아이들의 배는 물에 잠기는 것을 반복한다. 그러자 아이는 사각 종이상자 배의 가운데에 돌멩이를 얹었다.

▼ 조심스레 돌멩이를 얹어 무게를 잡는 아이

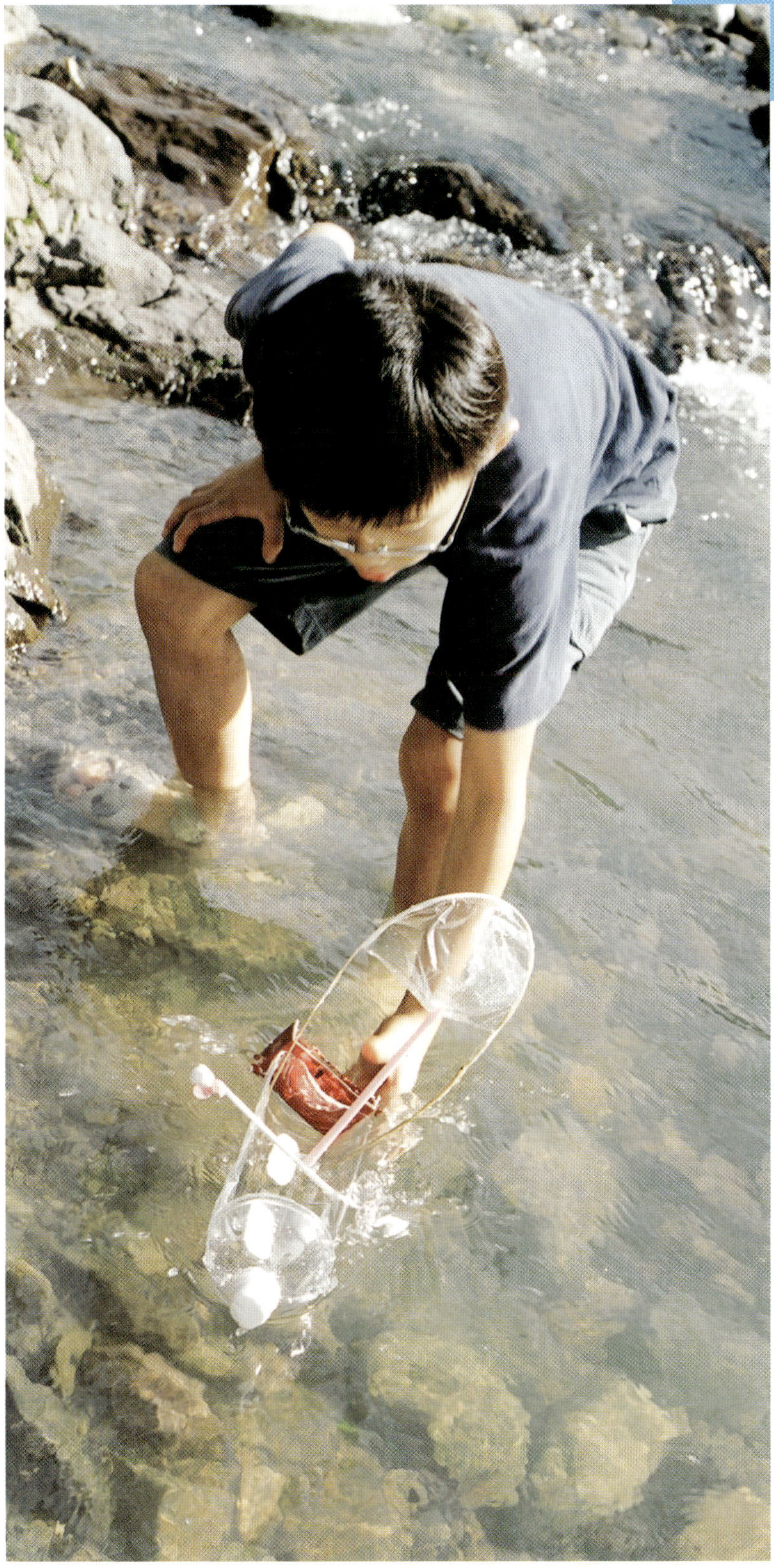

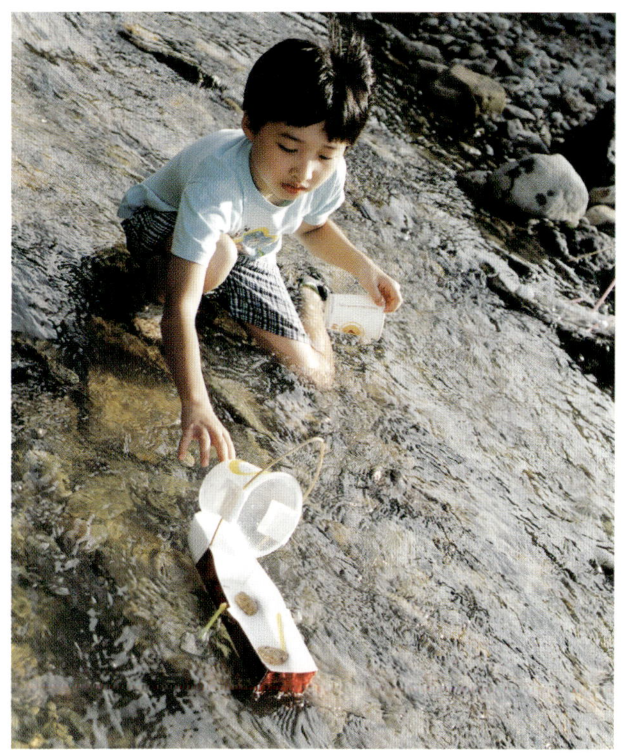

▲ 어서 가~. 드디어 배의 중심을 잡은 아이

아이들은 결국 PET병 배로 만든 반원기둥 통 배의 앞머리에 돌멩이를 얹었고, 돛을 세 개나 가진 긴 사각 스티로폼으로 만든 배엔 중간에 작은 돌멩이들을 놓아 보았다.

돌멩이를 몇 번이나 놓아 보고, 옮겨 보고 난 후 결국 아이의 배는 띄워진다.

이렇게 아이들은 스스로 자신의 배를 띄우게 되기까지 여러 번의 실패를 경험하고 수정하여 성공하게 되었다. 아이들의 배엔 빨대로 만든 양 날개 프로펠러도 있고, 앞뒤로 바람을 밀어주는 바람대도 있다. 이렇게 아이들이 만든 배마다의 특징에 따라 중심을 잡는 방법도 달라야 함을 알았다.

아이는 속이 빈 가벼운 고목의 나뭇가지를 주워와서는 물에 띄우고 있다.
"이것도 띄워 볼까!"
"어, 좋은 생각이에요!"
"야! 잘 뜬다!"
"내 배보다 더 잘 가!"
"왜 뜨지?"
"나무가 가벼워서 그럴 거야."
"그럼 우리 나무랑 대결해 보자!"
"자! 준비! 시작!"
"배가 같이 간다. 나뭇가지랑 부딪쳤어!"
"어떻게 하면 이길까요?"
"야! 잘 가라! 힘내!"
"바람 불어주자."
"후~~~! 후우~~!"
"야! 내 배가 더 잘 간다!"
아이들은 자신의 배가 먼저 가라고 출발 지점부터 힘차게 밀어주었다.
눈부신 햇살 속에서 아이들의 배는 진지한 관찰을 기다리며 출항한다.
바람을 불어주는 아이, 발걸음으로 첨벙첨벙 물결을 만들어 밀어주는 아이,
아이들은 아예 배와 함께 뛰어간다.
울퉁한 나뭇가지 배, 마른 잔 나뭇가지 역시 일렬에 합세해서는 앞뒤를 다투고 있다.
아이들에겐 자신들이 만든 배와 자연에서 얻은 나뭇가지 배들은 똑같이 멋진 배가
될 수 있었다. 아이들에겐 자신들의 배가 세상 어느 배보다 멋지고, 그것을 만들어
보고 야외에서 직접 띄워 보는 체험은 아이에게 자신의 체험과 행위에 대한 소중한
의미를 갖는 기회가 된다.
어느새 물에 젖은 아이의 엉덩이.

▲ 통나무와 아이들의 배와의 경주

띄우기를 이용한 뱃놀이

활동목표 아이들은 직접 창의적인 배를 만들어 보고, 가벼운 물체가 물 위에
뜬다는 것과 물 위에 뜨는 배의 원리에 대해 이해한다.

준비하세요! 아이들이 만든 배, 자연물, 투명 테이프, 가위

이렇게 시작해요! 배가 물 위에 뜨려면 어떻게 만들어야 할까요?
배가 넘어지지 않게 무게 중심을 잡아 주는 방법엔 어떤 것이 있나요?
물 위에 뜨는 이유는 뭘까요?
물이 흘러가는 방향과 바람의 방향은 같을까요?
배가 잘 나가기 위해선 어떻게 해야 할까요?

감상해 보아요! 친구들과 함께 만든 배 띄우기 시합을 해보고 이야기를 나누어 보아요!
나뭇가지와 만든 배의 차이는 무엇일까요?
물에 가라앉는 것과 뜨는 것에는 무엇이 있나요?
자신의 배와 친구들의 배의 차이는 무엇일까요?

크고 작은 바람개비

▼ 바깥으로 나온 아이들은 저마다의 바람개비를 가지고 있다.

- "가을에 나뭇잎은 왜 떨어질까요?"
  "음… 나뭇잎이 힘이 없어서요."
  "추운 바람이 세게 불어서 그래요."
- "그럼 나뭇잎이 어떻게 바람을 타고 떨어질까요?"
- "나뭇잎이 떨어지는 모습을 나타낼 수 있을까요?"
  "네. 천천히 떨어져요. 우리가 같이 해봐요."
  "종이로 해봐도 되요?"
- "네. 어떻게 할건가요?"
  "보세요. 종이가 날아가는 거에요."
  "우리 종이를 많이 찢어서 모으자. 더 많이 떨어뜨려 봐요."
  "와. 바람에 날아 가다 떨어졌어요."

"와! 날아간다."

"회오리다."

"우리 높은데 올라가서 떨어뜨려 보자."

"와! 춤추면서 떨어져요."

"눈 내린다."

· "멀리 날아 가려면 어떻게 할까요?"

"음~ 우리가 세게 던질게요."

"바람이 불어야 되요."

"네. 바람이라는 힘이 필요해요."

· "바람개비처럼요?"

"네."

· "그럼 .우리 바람개비 만들어 날려 볼까요?"

"네."

찢어진 종이조각을 바람에 날려 보고, 떨어지는 모습을 보다가 아이들은 떨어지는 종이조각 아래서 후후 바람을 불기도 하고, 따라 움직이기도 한다. 바람은 시각과 촉각, 청각까지, 느낄 수 있고 경험하게 한다. 이러한 바람에 대한 생각은 바람개비를 만들어, 자연스럽게 바람과 함께 움직여봄으로써 느낄 수 있을 것이다.

· "어떤 바람개비를 만들 거예요?"

"꽃 모양 바람개비를 만들 거예요."

· "와! 꽃잎 바람개비에요?"

"네. 꽃잎을 6개나 할 거예요."

· "바람개비에 눈도 있는 건가요?"

"네. 꽃잎으로 눈을 만들 거예요."

· "바람개비의 날개는 꼭 4개로만 해야 될까요?"

"아니요. 저는 날개를 많이 할 거예요!"

· "그래요. 바람개비의 날개가 2개이어도 되고, 6개이어도 돼요."

· "어떻게 하면 돌아갈 수 있을 지 생각해 보세요!"

"바람개비가 커야 돼요!"

· "그럴까요? 큰 바람개비가 잘 나는지 해 볼까요?"

아이들마다 바람개비를 만들기 위해 충분한 대화를 나누고 만들기를 시작하였다.

▲ 와~ 내 바람개비가 돌아가요.

▲ 바람개비야 어서 돌아가~
작게 만들어 본 바람개비

▲ 이번엔 왕 바람개비

▲ 해파리 바람개비는 바람을 불어줘야 해요.

"뭔가 이상해요!"

"수수깡이 부러졌어요."

· "큰 종이로 만든 바람개비를 수수깡이 견딜 수 있을까요?"

"아니요!"

· "왜 그럴까요?"

"바람개비가 너무 커서, 무거워서 그래요!"

"수수깡을 다시 단단하게 해야겠어요!"

· "그럼 수수깡 대신, 다른 걸로 손잡이를 할 수 있는 방법은 없을까요?"

"음~ 이걸로 둘둘 말아서 하면 돼요!"

아이는 골판지를 둘둘 만다.

· "선생님은 뭘 도와줄까요?"

"선생님은 골판지를 잡아 주세요!"

아이는 손잡이에 비해 너무 큰 바람개비를 돌려보다 곧, 부러진 수수깡대신 골판지를 둘둘 말아
다시 손잡이를 만들고 있다. 그리고 바람개비의 몸체에 비해 꽃잎 날개가 너무 작음을 알았다.

"꽃잎 바람개비가 잘 움직이질 않아요. 이상해요."

· "왜 그럴까요?"

"음. 날개가 너무 작아요."

"이번에 조금 더 크게 해줄래요."

▼ 숲 속에서 만난 빨간 잎, 아이의 손처럼 예쁘다.
　바람개비를 만들다가도 아이들은 자연의 또 다른 아름다움에 심취한다.

▼ 이번엔 투명 바람개비로 해 볼까요?

▲ 제 꼬리가 춤추고 있어요.

"와, 내가 달리니까 따라온다!"
"바람이 따라와요."
"와, 바람개비가 움직여요."

아이들은 자신들이 만든 바람개비를 교실이 아닌 바깥에 나와서 움직여보고 있다. 작은 숲 속에서 뛰어다니면서 바람개비의 움직임을 보며, 방향을 바꿔 가며 돌려 본다. 한 아이는 색종이로 만든 바람개비를 돌리며 언덕 위에서 길가로 뛰어내려오다 소리치며 웃기도 한다. 자신과 함께 움직이는 바람개비의 모습에 유쾌해진 아이의 웃음소리가 들린다.
이처럼 어린이가 야외활동에서 바람개비를 통해 자연현상인 바람을 체험하고 지각함으로써 보편적인 이해에서 자신만의 특수한 이해로 발전한다.

"와, 해파리 같아요."
· "그래요? 이름을 해파리 바람개비로 할까요?"
"네. 저는 이렇게 해파리 바람개비로 춤 출 거에요."
· "그럼 해파리 바람개비는 어떻게 바람을 탈까요?"
"보세요."
"제가 흔들어볼게요. 꼬리가 춤추죠."
"네. 꼬리가 춤추는게 아주 재밌네요."

아이는 노끈을 이리저리 풀어헤쳐서는 응원하는 술처럼 만들었다. 그리고 그것을 들고 뛰어 본다.
길다란 머리카락처럼 술이 달린 바람개비는 아이의 움직임에 따라 유연하게 움직인다.
이번엔 엉덩이에 메달아 놓고 뛰어 본다. 이렇게 아이는 평소에 보아온 바람개비의 재료가 아닌 노끈을 이용하여, 아이에 의해 발견된 의미의 해파리 바람개비를 만들기도 하였다. 이는 같은 '바람'의 발견이다.

▼ 바람을 타고 휘이익~

다섯 장 바람개비

크고 작은 바람개비

활동목표
눈에 보이지 않는 자연현상인 바람을 자신의 몸과 바람의 세기에
따라 변하는 바람개비를 통해 느껴 본다.

준비하세요!
수수깡, 압정 또는 핀, 봉, 여러 가지 종이, 가위, 노끈, 천

이렇게 시작해요!
바람이란 무엇인지, 자연 속에서 볼 수 있는 바람은 어떤 모습인가요?
바람으로 일어나는 현상은 어떠한 것인지 이야기해 보아요.
바람을 통해 움직일 수 있는 것을 자연현장에서 찾아보아요.

바람을 느낄 수 있도록 움직여보고, 노끈이나 천을 들고 뛰어 보아요!
어떻게 다른가요?
바람이 불지 않는 날에는 어떻게 하면 바람개비가 돌아갈까요?
바람의 방향과 바람개비의 방향과는 어떤 관계가 있을까요?
바람개비가 빠르게 돌아가도록 하려면 어떻게 하는 것이 좋을까요?
바람개비의 날개의 수를 달리하여 차이를 느껴 보아요!

감상해 보아요!
나와 친구가 만든 바람개비를 비교해 보아요!
높은 곳에서 부는 바람과 낮은 곳에서의 바람은 어떻게 다른가요?

자신들이 만든 각자의 크고 작은 바람개비를 함께 세워 보고,
바람에 따라 움직이는 모습을 이야기 해 보아요!
어떤 바람개비가 잘 돌아갔는지 이유를 말해 보아요!

물속의 돌을 옮겨 보아요

▲ 돌 줍기에 여념 없는 아이

"고인돌 모양이에요."
"이건 자동차 모양 돌이에요."
"맥주병 돌이에요."
"자물쇠 모양이에요."
"돛단 배에요." "화석 같아요."
· "와, 친구들이 물속에서 보물찾기하는 것 같아요."
"네. 맞아요."

"세모 돌이에요."
· "왜 세모 모양이 되었을까요?"
"물에 들어왔다 나왔다 하니깐 세모가 되었어요."
"물에, 물에 닿아서 그렇게 됐을 거에요."
"돌과 돌이 부딪혀서 그래요."

▼ 주워 온 돌로 '치마 입은 여자'를
　 만들고 있는 아이

아이들은 냇가 물속으로 뛰어들어서는 작은 돌멩이, 큰 돌멩이들을 하나씩 주워 들고 나와 각자가 주워 온 돌들을 모아두고 있다.
어디서 찾았는지 다양한 모양을 한 돌을 저마다 들고 나와 이야기한다. 그리고 자신이 생각하는 모양을 보이느라 바쁘다. 작은 돌멩이가 가진 모양과 질감들을 보고 아이들은 만지고, 수집하면서 돌멩이의 모양을 결정하고 자신이 생각한 사물과 동일시하게 된다. 돌멩이의 모양과 크기와 질감을 결정하고 느끼는 것은 자연 속에서의 부딪힘으로부터 출발하였다.

△ 자갈자갈 물소리~ 자갈자갈 신나서 이야기하는 아이들~ 물속 신발도 의미있는 시각적 이미지다.

“선생님. 여기 보세요! 돌에 색이 있어요. 신기한 색이 있어요!”
“어, 진짜? 빨간색이다!”
“이건 파란 돌이구요, 이건 빨간 돌이에요!”
“이건 햇볕에 비춰보면 무지개색깔 같아요!”
이번엔 돌에도 다양한 색이 있는 것을 발견하고 아이들은 색이 있는 돌을
찾기 시작했다.
그러자 이번엔 줄무늬가 있는 돌을 발견하여 가지고 나온다.
점점 재미있어 하는 아이들, 한 손 가득 모은 돌멩이는 보석이라고
얘기한다.
“내 보석들 보세요.”

・ “다들 모여보세요. 발을 모아봐요!”
・ “어떻게 보이나요? 누구 발가락이 제일 예뻐요?”
“발이 커졌어요!”
“제 발이 제일 크게 보여요!”
“제 다리가 짧아 보여요!”
아이들의 꼼지락거리는 작은 발가락들은 물속에서 부풀려 커진 것처럼 보
여서, 이에 아이들은 더욱더 자신들의 발을 자세히 보고 있다.

・ “자, 이제 이사를 할 거에요, 자신의 돌을 이사 시켜 보아요.”

모종삽으로 자갈들을 치우고 나니 자갈과 흙이 섞인 땅이 드러났다.
아이는 신중하게 모아진 돌들 중에서 돌을 고른다. 그리고 곧, 뭔가를 만든
다. 그건 꼭 햇살을 닮은 예쁜 해바라기 꽃 같다.
“이건 치마 입은 여자에요. 이건 치마, 이건 다리!”
“여긴 집이에요!”
・ “여기 작은 돌멩이는 뭐에요?”
“손잡이에요!”
“고인돌이에요. 이건 커다란 고인돌. 선생님 도와주세요!”
“고인돌 다리가 자꾸 넘어져요!”
・ “왜 그럴까요? 다리의 높이가 틀리네요, 땅을 이렇게 파서 세워
　보는 건 어때요?”

▼ 후~ 초록 풀잎을 얹어 장식한 케이크

▲ 돌멩이와 돌멩이가 부딪히면 어떤 소리가 날까요?

결국 고인돌의 축을 만드는 과정 중에 남자 아이는 모래밭을 파서, 길이가 긴 돌멩이를 세워 만들었다. 각자 아이들이 물속에서 수집해 온 돌멩이들은 각각의 의미를 가지게 되고 새로운 이름을 가진 조형물이 되어갔다.

　　"여기 흰색 돌멩인 없어요."
・"그럼 물속에서 찾은 돌멩이 말고, 물 밖에 있는 돌멩이로 하면
　　어때요?"
　　"예. 맞아요. 물 밖에 있는 돌멩이는 하얀 색이에요!"
　　"이건 작은 새에요."
・"뭘 만들고 있어요?"
　　"하얀 돌멩이로 만든 눈사람이요."
・"그 위에 모래로 뿌리는 건 뭐에요?"
　　"눈이에요."

아이는 돌멩이가 아닌 모래로 하늘에서 내리는 눈을 생각하여 돌멩이 위에다 뿌려 준
다. 그리고 아이들은 젖은 돌과 젖지 않은 돌을 구분하여 색을 찾아서 만들기도 한다.
다른 아이는 작은 돌멩이를 모아 사랑 모양을 만들더니 그 안에 자물쇠 모양의 돌을 놓
아둔다. 그리고 노란 노른자 닮은 꽃, 납작한 돌 위에 모래 크림을 가득 얹은 케이크 등
다양한 모양을 만든다. 납작한 돌 위에 자연스레 탑 쌓듯이 작은 돌멩이를 얹으면서 아
이는 케이크를 생각하고 만들게 되었다. 그리고 마지막으로 아이들은 초록 풀잎을 얹어
장식한 케이크의 촛불을 함께 불기도 하였다.

시냇가에서 아이들은 모양 있는 돌멩이, 색깔 있는 돌멩이를 찾았고, 돌멩이를 가지고
흙 위에다 박아보기도 하였다. 아이들 스스로 모양을 만들고 이야기를 만들고, 돌멩이
와 돌멩이를 부딪혀 나는 소리를 만들었다. 이렇듯 자연에서의 수업은 아이 스스로 탐
색하게 하고 아이 스스로 묻고 답하는 시간을 만들어준다.
냇가의 돌멩이를 조합하는 것은 단순히 자연의 물에서 출발하는 것 같지만 아이들은 돌
멩이에 다양한 느낌들을 담아 조합한다.
자연과 하나 된 아이들.

▼ 우리는 보물 찾기 하는 중이에요.

▼ 돌멩이, 모래, 아이의 흙 묻은 두 손

▲ 자연은 졸졸 흐르고 숨쉬는 화지가 되었다.

▲ 하얀 돌멩이로 만든 눈사람

▲ 아이가 만든 작은 집

▲ 같이 나눠 먹을까요?

▲ 치마 입은 여자 아이

▲ 작은 색깔 돌멩이를 모아 만든 새

▲ 달걀 노른자 모양 꽃은 좋은 자연감상거리를 선사한다.

▲ 노란 해바라기를 닮은 꽃

▲ 아이가 보여주는 사랑 모양

▲ 이건 뭘까요?

물속의 돌을 옮겨 보아요

활동목표 자연과 돌의 특성(색, 형, 질감) 등을 탐색하고, 특성의
이해를 통해 조합, 구성하여 본다.

준비하세요! 물놀이 하기에 편한 옷차림, 모종삽

이렇게 시작해요! 물속에서 찾은 돌은 어떤 모양들을 볼 수 있나요?
돌의 모양이 다른 이유는 왜 그럴까요?
물속에서 찾은 돌들은 어떤 색깔들을 볼 수 있나요?
돌을 세우려면 어떻게 해야 할까요?

감상해 보아요! 여러 가지 돌들로 만들어진 자신의 그림에 대해 이야기 나누어 보아요.
땅 위의 돌과 물에 젖은 돌은 어떻게 다른지 이야기 나누어 보아요.
개울에 있는 돌과 바닷가의 돌의 차이는 무엇일까요?

○ 주변의 자연스러운 조형물은 자연과 친근함을 알 수 있다.

우리가 만든 선 그림에 비춰진 골목

▲ 속삭이는 아이들의 그림자. 우리 골목도 중요한 환경이다.

햇볕이 내리쬐는 오후에 아이들은 골목에서 신나게 뛰어다니고 있다.

· "발 밑에 무엇이 생겼나요? 신기한 것이 따라다니네요!"

　"선생님! 이건 이상한 그림자에요."

· "왜 그렇게 생각해요?"

　"나랑 똑같지 않고 다리가 길어졌어요."

· "그럼 우리 신기한 그림자로 무엇인지 알아맞혀 보기 게임 할까요?"

· "이건 어떻게 보여요?"

　"어? 비행기 같아요."

· "네. 맞아요."

　"그럼 우리 비행기 놀이 해요. 선생님이 먼저 타세요. 제가 운전할게요."

7살 여자 아이는 어디서 찾았는지 주차금지 표지판을 들고 오더니 이리저리 놓아보면서 변형된 그림자를 만들고, 늘어진 그림자의 형태에서 연상하여 함께 놀이를 하고자 하였다. 그러다가 그림자를 지우려고 발로 부벼 보기도 한다. 아이는 지워지지 않는 그림자가 신기하다.

▲ 내가 그림자를 움직여요.

▼ 조심스레 모양을 만들고 있는 아이

- "이게 뭘까요?"

  "유리에요?"

  "아니에요. 이건 딱딱하고 소리도 나요."

- "이건 아크릴이에요. 한번 만져 봐요!"

- "우리가 여기에 햇빛을 비추면 투명하기 때문에 빛이 지나갈까요?"

  "안 지나가요!"

  "지나가요!"

- "그럼 햇빛에 비춰볼까요?"

  "네."

- "여기 유리창문에서 볼까요? 선생님 팔에 있는 햇빛이 보여요?"

  "네! 반은 그림자고, 반은 햇빛이에요!"

- "그럼. 여기 이렇게 테이프를 붙여서 보면 어때요?"

  "테이프 그림자가 생겨요!"

- "햇빛이 이 아크릴 판 위에 있는 테이프를 통과하지 못하면 이렇게 그림자가 생기는 거에요."

- "지금부터 여기 아크릴 판 위에 여러 가지 테이프를 이용해서 선으로 된 그림을 보기로 해요."

  "그럼, 그림자 그림을 그리는 거에요?"

  "그렇죠!"

- "여기 테이프로 된 선들이 햇빛에 비추면 그림자가 생기는지 안 생기는지 봤죠?"

  "네 ,생겨요! 조금 전처럼요."

  "우리도 해 볼래요!"

그림자가 생기는 원리를 아이들은 쉽게 이해한 후, 선 그림자에 대한 기대를 가지게 되었다. 그리고 아이들이 테이프를 쉽게 뜯을 수 있도록 의자의 한 면에 테이프들을 붙여 놓았다. 테이프는 되도록 여러 가지 다양하게 준비하도록 하여 아이들이 선택할 수 있도록 하였다. 빨간색, 노란색, 검정색, 종이색, 초록색, 파란색 테이프 등은 시각적으로 색(선으로 표현한)을 느끼고 그림자는 색이 없는 이미지이지만 빛에 의해 투사된 선들의 변화를 느낄 수 있다.

"무늬도 되고 동물도 되고, 어떤 그림을 만들면 좋을까요?"
"놀이공원이요!"
"음~ 시원한 분수요!"
"물이랑 바다에 있는 거요."
"불가사리, 해파리요."
"그럼 이렇게 해요! 이게 전체 바다라고 하면 어때요?"
"네. 좋아요!"
"그럼 우리 불가사리부터 하자!"
"너는 불가사리."
"이건 뭐에요?"
"해파리요!"
"어, 이건?"
"성게에요!"
"오~ 진짜! 빨간 성게네요!"
"가시가 정말 뾰족하게 재미있다!"
"이건 뭐에요?"
"가르쳐 줄까요?"
"파도에요! 갈매기도 있고, 등대도 있어요!"

▲ 고민 고민하여 선을 만드는 중이에요. 그림자가 어떻게 보일까요?

▲ 내가 그리는 게 무엇인지 알아맞혀 보세요.

▲ 나는 갈매기가 좋아요.

아이들이 크기를 의식하지 않고 공간 속에 자유롭게 펼친 형은 과감하면서도 다양하였다. 그리고 아이들은 선 자체로만 표현하면서 색과 선을 함께 선택하여 표현 대상이 가진 원래의 색깔까지 나타내었다. 바로 색 테이프의 선들은 평소에 아이들 자신이 가졌던 대상들에 대한 개념을 확대하는 것이다.

물감과 같은 기존의 채색 재료가 아닌 색 테이프에 의한 선에 대한 체험은 선을 이용하여 빛을 차단하고 그에 따른 그림자를 동시에 볼 수 있는 수업이었다.

▲ 아이들이 만든 바다 풍경

우리가 만든 선 그림에 비춰진 골목

활동목표　색 테이프를 이용하여 선 그림을 만들어 보고, 비추어진 그림자에
의해 아이의 활동 공간인 골목에 대한 새로운 시각을 가지도록 한다.

준비하세요!　여러 가지 색 테이프, 종이 테이프(검정색, 흰색), 가위,
아크릴 판(2절 크기)

이렇게 시작해요!　그림자는 어떻게 생길까요? 자신의 그림자를 보아요!
색 테이프로 그림을 그려 보아요! 어떤 그림을 그릴 수 있을까요?
색 테이프의 색깔마다 비추어진 그림자는 어떻게 보이나요?
선과 면으로 표현할 수 있는 모습은 각각 어떤 것들이 있나요?

감상해 보아요!　비가 올 때의 그림자와 햇빛이 있을 때의 그림자는 어떤가요?
선 그림자는 평평한 벽면 위와 울퉁한 계단에서 볼 때 각각
어떻게 다른가요?
선명한 그림자를 볼 수 있는 곳은 어디인가요?
아크릴 판 위에 만든 선 그림을 들고 주위를 둘러보아요!
어떻게 보이나요?
겹겹이 겹쳐진 선 그림자는 어떻게 만들 수 있을까요?

자연물과 함께 세워 보기

▲ 돌담 한가운데 서 있는 허수아비, 자연과 잘 어울린다.

냇가에 도착한 아이들은 시냇물이 고인 곳에 돌멩이를 던지기도 하고
주변에 늘어져 있는 나뭇가지와 잎들을 만지작 거리며 놀고 있다.
아이들보다 10배는 더 크고 길다란 아카시아 나무가 여름날 태풍에 못
이겨 쓰러져, 냇가를 가로질러 누워 있다. 아이들은 누운 나무를 다리
마냥 위로 걸어 보기도 하고, 나뭇가지를 당겨며 힘 자랑도 해 본다.

"이것도 같이 당겨봐. 안 움직여."

"선생님 이렇게 큰 나무가 어떻게 쓰러졌어요?"

· "음. 아마도 태풍 때 쓰러졌나봐. 뿌리 채 누워있는 걸 보니."

"와. 정말요?"

· "우리 여기서 할 수 있는 놀이가 있을까요?"

"네. 우리 이 나무랑 계속 놀래요."

"여기다 튼튼한 집을 만들어도 돼요?"

· "이렇게 누워있는 나무가 어떻게 집이 될 수 있지요?"

"나뭇가지들을 모아서 지으면 돼요."

"아. 숲 속에 있는 기지처럼 만들 수 있겠구나."

"네."

· "그럼 여기 지붕도 있는 거야? 너무 멋지겠다."

· "그럼 제일 먼저 어떻게 해야 할까요?"

"집을 지을 재료가 필요해요."

"나는 나뭇가지를 주워 올게. 난 나뭇꾼 할래요. 너는 집을 짓고 있어."

"알았어. 여기 우리가 들어갈 수 있게 만들자."

아이들이 산 아래 떨어진 나뭇가지들을 수집하고 있다. 곧, 아이는 떨어진 나뭇가지를 수집하느라 돌멩이 가득한 냇가를 왔다 갔다. 풀숲을 왔다 갔다 하였다.

"제가 주워 온 거 보세요. 저기 멀리까지 갔다 왔어요."

"나뭇가지들이 똑같은 게 없어요."

· "그래요. 자연에서 자라는 것은 조금씩 다 달라요. 우리 친구들처럼."

▲ 돌담길 또한 훌륭한 작품이다. 자연과 어울림 그 자체로

"네. 이 길쭉한 나뭇가지는 옆에 세우는 게 좋겠어요."
"땅 위에 박아야겠어. 자꾸 넘어져."
"돌멩이로 눌러주자."

"나뭇가지가 자꾸만 떨어져요."
"어떻게 그것들을 연결할 수 있는 방법이 없을까요?"
"음. 단단하게 해줄 줄이 필요해요."
"그럼. 여기 있는 줄을 이용하면 어떨까요?"
"네. 좋아요. 저 좀 도와줘요. 단단하게 수리해야겠어요."
"생각보다 단단하게 묶는 게 어려워요. 그래도 튼튼하게 만들어야 하는데."
"그렇죠. 집을 지을 때는 뼈대가 튼튼해야 잘 무너지지 않아요."

◀ 영차. 영차~

▼ 노란 줄로 튼튼하게 묶어야 해~!

▼ 가지들은 지붕이 되고 바위는 기둥이 되기도 한다.

▲ 밤나무 아래엔 밤톨 가시들이 모여 살아요.

"나뭇가지를 좀 더 가지고 와야겠어."
"그런데 지붕에 비가 세면 어떻게 하지?"
"아. 우리 여기 나뭇잎으로 덮어 줄까?"
"그래. 나는 딴 것도 찾아 볼게."
"내가 밤톨도 주워 왔어. 봐봐. 조심해. 손에 찔릴 거야."

· "우와~! 너무 멋진데요. 어디서 주워 온 거에요?"
"저기 나무 밑에서요."
· "밤나무 아래에서 찾았구나."
"밤톨로 지붕을 꾸며 줄 거에요. 밤톨의 가시는 방어도 할 수 있어요."
· "그렇구나. 방어막이 너무 멋진데요."

"바람에 날아가지 않게 돌멩이도 얹어주자."
"그래. 굴러가지 않게 납작한 돌멩이를 얹어야지."

▲ 예쁜 동물들아, 여기에 앉았다 가렴.

남자 아이들은 냇가에 누운 아카시아 나뭇가지의 가장자리에, 주워 온 나뭇가지들을 쌓아 기지를 만들고 있다. 틈틈이 나뭇가지를 주워 줄로 묶은 후 뼈대를 만들고, 나뭇잎과 돌멩이, 밤톨과 같은 자연물을 수집하여 지붕을 장식하기도 한다. 아이들이 만든 이 조형물은 어떻게 보면 엉성하게 지은 새집 같지만 자연에서나 볼 수 있는 밤톨 껍질, 울퉁불퉁한 나뭇가지 등으로 만들어 자연과 잘 어울린다.

▲ 밤톨, 납작 돌, 나뭇잎, 풀꽃, 나뭇가지 위에 모두 모였다~!

▲ 아프리카 추장 집 완성! 억새풀이 추장의 상징이에요.

"여긴 아프리카 추장 집이에요."
· "아프리카 추장 집인지 어떻게 알 수 있을까요?"
"여기요. 이걸 꽂았잖아요."
· "억새풀이 추장 집이라는 걸 나타내는구나."
"네. 특별한 곳엔 이렇게 표시를 해야 해요."
· "우리들만의 상징을 나타내는구나. 좋은 생각이에요."
억새를 깃발처럼 입구에 꽂아 아이들만의 표시를 해주었다.
아이는 물어보지 않아도 자신의 멋진 집에 대해서 이야기해 주었다.

▲ 이 정도면 비가 새지 않을 거에요.

· "우리가 가고 나면 여기는 어떻게 될까요?"
"동물들이 와서 살 거에요."
"나중에 여기에 햄스터도 살았으면 좋겠어요."
"난 여기에 생쥐가 와서 살았으면 좋겠어."
· "맞아요. 기지가 너무 좋아서 놀랠 거에요."
· "우리 나중에 이게 그대로 있는지 다시 와 볼까요?"
"네. 꼭 다시 와 봐요."
"보고 싶을 거에요."

아이들은 자신들의 마음이 전해져 숲 속에 사는 작은 동물들이 잠시라도 멋진 집에 와주면 좋겠다고 한다. 실내를 떠난 자연 속에서 아이의 마음을 여는 방법은 아이들이 주변의 자연물에 대해 관심을 가지고 자기 표출적 활동을 하였을 때 그들의 감각과 생각을 소중히 하도록 인정해주는 것이다.

자연물과 함께 세워보기

활동목표 여러 가지 자연물을 조합하는 과정에서 아이들은 자연과의
조화를 스스로 느끼게 되고, 조형요소를 체험하게 된다.

준비하세요! 여러 가지 자연물, 끈, 가위 등

이렇게 시작해요! 태풍이 온 후의 자연의 모습은 어떤가요?
우리 주변에서 볼 수 있는 자연물은 무엇이 있나요?
어떻게 하면 매듭을 쉽게 묶을 수 있을까요?
여러 가지 자연물을 연결하려면 어떻게 해야 할까요?
채집한 자연물로 장식해 주세요.

감상해 보아요! 우리가 만든 곳에서 무슨 일이 벌어질까요?
우리가 만든 조형물에 이름을 붙여 주어요.
시간이 지난 후에 여긴 어떻게 될까요?

○ 물감과 섞인 흙은 자연의 색을 그대로 담고 있으면서 특별한 재질감도 느끼게 해 준다.

······· 흙을 발라 그려보기

▲ 아이들이 탐색한 색깔 찰흙은 그 자체 그대로 작품이다.

색 물감과 물, 찰흙을 함께 개어 만들어 색깔을 갖게 된 진흙을 항아리에 담아 길가에 놓아두었다.
아이들이 이것을 발견하고, 탐색하기에 이르러 여러 가지 감탄사를 터뜨린다.
  "이거 뭐에요?"
  "와! 흙이다~!"
  "찰흙이에요?"
· "네"

"만져 봐도 돼요?"
"우와 미끄럽다! 크림 같아요!"
"이상해요! 부드럽다!"
"여긴 색깔도 있다!"
"땅콩 크림이에요!"

스펀지로 노란 진흙을 접시에 덜고 있는 아이.
아이는 계속해서 색깔 진흙에 빠져 있다. 빨간 진흙, 초록 진흙, 노란 진흙, 색깔 진흙을 큰 붓과 나이프로 이리저리 접시에 담아 돌돌 돌려 보고, 손위에 올려 보고 주물러 보기도 한다. 처음에 아이들은 꽃삽을 가지고 접시에 흙을 퍼 담기 시작했다. 그런 다음 색깔을 섞어보고 싶은 생각에 접시들을 가지고 와서 초록색과 노란색 등을 함께 섞어 보았다. 나중에 그것은 보기에 좋은 색깔은 아니었지만 초코 크림같은 색깔을 띠었다.

▲ 무슨 색깔을 만들까요?

물감과 찰흙을 섞어 만든, 색깔을 가진 진흙은 본래의 물감이 가진 색보다 강도와 채도가 약하다. 그래서 섞을 때 생각했던 것 보다 많은 양의 물감과 흰색을 함께 섞어 놓아야 했다. 흙이 가진 원래의 느낌이 색깔 속에 묻어 있는데, 이러한 특유의 느낌에 아이들은 마냥 신기해 한다. 꽃삽을 가지고 물감을 덜어 땅 위에 짓이겨 보기도 하고 뚝뚝 물방울 떨어지듯이 흘려보기도 한다. 아이들은 한참 동안 이렇게 색에 대한 각자의 시간을 가진다. 그리고 곧 아이들의 관심은 색과 색을 섞어보는 데서 벽과 땅바닥으로 옮겨갔다. 충분한 탐색시간이 지난 후 아이들은 자연스럽게 어딘가에 그 흙 물감들을 묻혀보고 싶어했다.

△와~ 내 손바닥이 찍혀요. 신나게 벽에 채색하는 아이들. 아이들은 벽에 옷을 입히고 있는 듯했다.

▲ 우체통에도 색을 입힐래요.

· "선생님 손에도 그림 그리는 거야?"
　"네. 멋진 장갑 만들어 줄 거에요!"
　"장갑에 무늬도 있어요!"
· "아! 너무 간질간질해요!"
· "선생님도 장갑 만들어줄까?"
　"으아."
아이들에게 선생님의 손도 표현하고 싶은 재미있는 소재이다.

▲ 누구 손바닥일까요? 생활 주변에서 자신을 더욱 강하게 느낄 수 있다.

아이들은 선생님의 하얀 팔 위에 색깔 흙을 묻히고 부벼서, 무늬를 만들었다.
얼룩무늬로 변신한 선생님의 팔 장갑.
아이들의 느낌은 이러한 행위와 신체표현으로까지 연결되고, 표출되어진 자유로움은 바깥 수업에서만이 느낄 수 있는 개방된 교육 효과라 할 수 있다.

"쓱싹쓱싹이에요!"
이번엔 아예 물감 잔뜩 묻힌 팔로 벽에 옷을 입힌다.
· "이건 누구 손바닥이에요?"
아이들은 자신들의 행위와 느낌, 즐거움을 재확인하는 시간을 찍히고, 부빈 흔적으로 또 다르게 경험한다.

▲ 대문을 우리가 칠해보자. 구멍까지 속속들이

아이들에 의해서 검정색 대문의 동그란 구멍들이 눈에 띄기 시작했다.
구멍 속으로 색깔을 집어넣는 아이들.
　"뒤쪽에 가서 색깔을 봐봐! 어떤 색깔이 나올까?"

▲ 색과 색이 섞여요.

한쪽에선 모과나무에서 떨어진 모과들을 주워 색칠을 하고 있는 아이.
 "보세요. 예쁜 공 만들었어요~!"
 "의자에도 색칠해 봐도 돼요?"
· "네! 어떤 그림 그려줄 거에요?"
 "의자 그림자 그려 줄 거에요!"
 "바닥에도 그림 그려줄 거에요!"
 "나무에 그림 그렸어요."
· "나무에도 그렸어요?"
나뭇잎을 주워서는 벽에 그린 그림에 붙여 보는 아이.
자신들이 만든 색깔들을 벽 위에 자유롭게 발라보고 있다.
아이는 자신의 키보다 더 놓은 곳에 흙을 바르기 위해 의자 위에 올라섰다.

▲ 나뭇잎도 붙여 볼까요?

▲ 우리 이번엔 어떻게 할까?

만지고 섞어보고, 들어보고 떨어뜨려 보고, 아이들은 선생님의 지시 없이 자유로운 시간을 가졌다.

아이들조차 말하는 시간이 필요 없이 색깔을 가진 흙에 푹 빠져 있다. 교실에서 벗어난 아이들은 손등, 신발까지 물감을 묻힌 채색에 물들어 있다. 아이가 무엇을 느끼고 있는지를 보려면 아이의 표정에서 정답을 발견할 수 있을 것이다.

재료에 대한 탐색시간의 중요성은 능동적이고 활동적인 표출로 연결된다. 또한 손과 물감의 촉각적인 경험은 개방되어진 장소에서의 표현들은 의미는 물론 행위의 다양성을 확보한다. 즉, 제한되지 않은 장소와 제한하지 않는 표출방법은 아이들의 능동적인 체험으로 그 의미는 이미 자신의 경험을 초월한 또 하나의 새로운 경험이 된다.

이렇게 흙을 직접 손으로 만지면서 느끼는 재료에 대한 충분한 탐색은 강한 표현욕구로 연결되기 때문이다.
즉, 어린이로 하여금 재료에 대한 호기심으로부터 출발하여 상황에 흠뻑 빠져들어 스스로 느끼고 표현하고 싶은 미적 욕구와 경험으로 연결되게 하는 것이다.

▲ 나무에 손바닥을 찍어요. 흙 옷을 입혀 줄게. 빗물이 목욕시켜 줄거야.

흙을 발라 그려보기

활동목표 색을 가진 진흙에 대한 탐색을 하고 다양하게 표현함으로써
색을 이해하고 변화있는 의미를 적용해 본다.

준비하세요! 여러 가지 통, 찰흙, 물감, 물, 접시, 물감용 나이프, 큰 붓

이렇게 시작해요!
흙을 만져보아요! 어떤 느낌인가요?
진흙에 물감을 섞으면 색에는 어떤 변화가 있을까요?
색깔을 섞은 진흙을 발라보고 싶은 곳은 어디인가요?
땅 위에 그릴 때와 종이 위에 그릴 때와 어떻게 틀린가요?
흙을 손바닥으로도 발라보아요! 붓이 아닌 용구에는
어떤 것들이 있을까요?
다른 물체를 벽에 붙이려면 어떻게 해야 할까요?

감상해 보아요!
흙을 발라 그린 곳을 찾아 이야기 나누어 보아요!
다른 곳에서 본 벽화와 우리가 만든 벽화는 어떤 차이의
느낌이 있나요?
진흙이 마르지 않았을 때와 말랐을 때 어떤 변화가 있나요?

▲ 갑자기 쏟아진 빨간 색깔의 물
　내가 빨아 들여 줄게.

아이들은 준비한 물감을 갑자기 바닥에 쏟게 되자 주사기를 이용하여 색을 빨아들이고 있다. 아이들만의 해프닝은 여기서부터 시작된다.

"와! 빨간색이다. 피 같아."

"아냐. 빨간 바다로 변한 거야."

"그럼 내가 바닷물을 다 빨아들일 거야."

"난 여기에 파란색을 넣어 봐야겠어!"

"보라색으로 변하잖아!"

"다른 색도 넣어보자. 어떻게 변할까?"

아이들 스스로 색을 이용한 놀이 과정을 통하여 자연스럽게 색을 탐색하게 되고 색의 혼합을 느껴보게 된다.

아이는 스스로 색깔 물을 만드는 중이다. ▶

▲ 꽈악~ 짜 줄래요. 비닐봉지 안의 물감 터뜨리기

"어? 이건 뭐에요?"
"손 물감 주머니다."
"우와! 신기하다."
"주사기도 있네?"
"물총도 있어. 여러 가지 모양이다."
"색깔 물도 있네요."
"볼록 볼록해."
"물 풍선 같아."

아이들 앞에 여러 가지 색의 물과 비닐장갑, 비닐주머니, 물총, 주사기, 등을 늘어 놓았다.
이내 호기심이 생긴 아이들은 만지고, 눌러보고, 탐색을 시작한다.

· "여기 있는 색깔 물을 쏘아보려면 어떻게 해야 할까요?"
  "물총에 넣어서 쏘아 보아요."
· "그럼 우리 한번 해 볼까요?"
  "그럼 난 비닐장갑에 넣어 볼래요."
  "고무줄로 꼭꼭 이렇게 묶어야 돼요. 선생님 조금만 도와주세요."
  "통통한 손이 되어 버렸네!"
  "저는 비닐주머니에 물을 넣어 볼래요. 단단하게 묶으면 힘센 물총이 될 거에요."

▲ 바닥이 온통 주사기 물총 자국

▲ 주사기에 색깔을 채우느라 바쁜 아이들

▲ 우와. 그림이 그려져요.

▲ 하늘까지 쏘아 올려요.

아이들은 주사기에 물을 넣어서 당기고 밀어보는 작업에 열중하고 있다.

"하늘에 침 좀 놓아줘야겠다."
주사기를 보더니 병원에서 주사를 맞았던 기억을 떠올렸나보다.
하늘을 향해서 열심히 쏘고 있는 아이들의 모습은 너무나 진지하다.

"뭐 그렸는 줄 알아요?"
"맞춰보세요."
· "글쎄, 뭘까요? 어떤 모양 같은데요."
"내 이름이에요."
"바로 이건 제 사인이에요."
· "그래 그렇구나. 네 이름이구나."
비닐 물총, 여러 가지 모양의 물총, 주사기를 이용하여 마음껏 글씨도 쓰고 그림도 그리고 있는 아이들. 처음에는 사용법이 익숙지 않아서 다른 친구에게 물이 튀기도 하였지만 서로에게 사용법을 알려주고, 그런 과정을 통해서 스스로 방법도 터득하게 되었다. 이렇게 아이들 자신은 서로에게 또 다른 교사가 되기도 한다.

나무들 사이에 걸쳐진 커다란 사각 천에 아이들은 색깔 물을 쏘기 시작하였다.
여러 가지 색들은 힘차게 뿌려지고, 주사기로 쏘아진 색들은 모양을 보이며 흘러 내렸다. 이것을 본 아이들의 감탄사가 쏟아져 나왔다.

"하늘에 물 줄 거에요."
"무지개 같아."
"비 오는 날을 그리는 거에요."
"왕 미사일 로봇을 쏘고 있어요."
"난 비행기가 지나가는 길을 만들 거야~!"
"휘~~익 휘~~익"
물총으로 쏘아진 색들은 아이들의 느낌을 그대로 보여준다.
아이들은 자신들이 그린 물총 그림에서 지진 난 땅을 찾기도 하고, 거인들이 걸어가는 장면을 찾아 내기도 하였다.

▲ 얼른 갔다 올게. 아이는 신나는 순간을 놓치고 싶지 않다.

아이들은 자유롭게 주사기에 물을 넣어, 밀고 당겨 봄으로써 공기의 압력을 자연스럽게 느끼게 된다. 그리고 손으로 물총을 힘껏 눌러서 물이 쏟아지고, 이를 통해 힘을 많이 줬을 때와 약하게 줬을 때의 차이를 스스로 경험해 봄으로써 물의 압력을 이해하게 된다.

아이들의 변화된 물총들은 다양한 이야기를 보여 주었다. 이러한 아이들의 신나는 물총에 대한 경험은 물과 색, 아이의 신체적 행위와 감각이 합일된 과정을 통해서 이루어졌다.

그리고 아이에 의해 물과 색깔이 만나 만들어진 얼룩진 다양한 형상들은 아이들이 예측할 수 없는 장면을 보여주었다. 또한 이러한 예측할 수 없는 결과들은 실내에서의 미술이 아닌 야외에서 빛과 함께 각기 다른 시각적 이미지를 경험하게 한다.

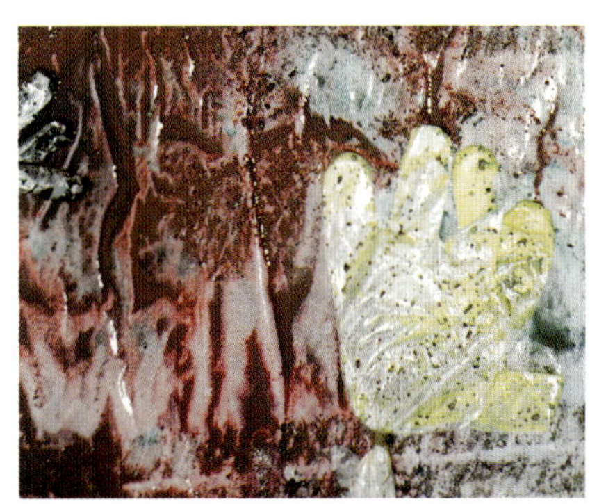

▲ 아주 신기한 느낌이에요.

▲ 숨은 그림 찾기. 물고기를 찾아보세요.

▲ 거인 가족이 걸어가요.

▲ 바로 이건 제 이름이에요.

재미있는 색 물총

활동목표   색 물총 놀이를 통하여 다양하면서도 예측되지 않는
이미지를 관찰하고 표현의 여러 방법을 이해한다.

준비하세요!   여러 가지 비닐봉지, 비닐장갑, 고무줄, 물통, 물감, 주사기, 물총

이렇게 시작해요!   물총은 어떻게 생겼나요? 우리만의 물총을 만들어 보아요!
비닐에 물을 넣고 힘을 넣어주면 어떤 현상이 일어날까요?
어떤 물총의 물줄기가 셀까요?
물에 힘을 넣어 주면 어떤 현상이 일어날까요?
비닐 물총이 잘 발사되려면 어떻게 해야 하나요?

감상해 보아요!   물총의 종류에 따라서 다른 것은 무엇일까요?
비닐이 아닌 다른 소재를 이용하여 물총을 만들어 보아요.
어떤 물총이 물줄기가 강했나요?

▲ 강아지풀과 라일락 꽃송이로 만든 머리핀

“이거 머리띠 아니에요?”

“핀 맞죠?”

· “네. 평소에 많이 보던 머리핀이죠?”

“저 이거 꽂아 봐도 돼요?”

· “그럼요.”

“나도 해 볼래요.”

“내가 꽂아 줄게. 넌 이쪽에 하면 괜찮을 거야.”

아이들 앞에 여러 가지 머리핀을 내어 놓았더니 머리에 꽂아 보고, 남녀 아이 할 것 없이 만져보고 있다.

“그런데 머리핀이 모두 모양이 없고 예쁘지가 않는 것 같아요.”

· “그래요. 그럼 우리 이 머리핀을 예쁘게 변신시켜주면 어떨까요?”

· “그런데 우리가 놀러 온 여기 풀숲에서 얻을 수 있는 재료가 있을까요?”

“네. 나뭇잎으로만 꾸며 보면 돼요.”

“나뭇가지도 사용해도 돼요?”

· “네, 그렇죠. 각자의 생각에 맞게 마음대로 꾸며 볼까요?”

“나뭇잎을 이렇게 할 거에요.”

아무 무늬가 없는 머리핀과 머리띠들은 검정색, 은색, 금색의 색이 있다. 아이는 이러한 머리핀에 녹색의 나뭇잎을 겹겹이 붙이거나 연결하여 나름대로의 모양으로 만들기 시작했다. 그리고 마음이 앞서가는 아이들은 주위의 나뭇가지와 풀들을 유심히 쳐다보고 수집하고 있다.

▲ 강아지 풀도 꽂아 봐

"우와 예쁘다. 빨간색 꽃잎."

"무슨 나라 국기일까요? 요거랑 비슷한 빨간 모양이 있는 나라가 있는데요?"

· "빨간색으로 양가에 줄이 있고 중간에 단풍 모양이 있는 거 말하는 거니? 캐나다 국기란다."

"네. 맞아요. 이거랑 꼭 닮았어요."

"이걸로 만들기 해야겠어요."

"선생님 이리와 보세요. 이 꽃 보세요."

"나팔꽃도 있어요. 동그란 풀도 있어요."

"선생님 여기 보세요. 세잎 클로버가 있어요."

· "오, 그렇구나. 여러 가지 풀들이 다양한 모양을 가지고 있네요."

"잎이 이렇게 있다가, 요렇게 되어요."

자연의 탐색 속에서 아이는 풀잎을 공중에 날려 천천히 돌면서 떨어지는 모습을 보기도 하고, 큰 나뭇잎과 작은 나뭇잎을 주워 차근히 포개어 모양을 맞추기도 하였다. 또 어떤 아이는 잎이 점점 크게 자란 과정을 살펴보면서 서로에게 얘기를 해 주고 있다.

▲ 이번엔 내가 도와줄게.

"저는 이제 잎을 붙여 볼게요."
"선생님! 스카치 테이프랑 철사를 이용해도 돼죠?"
· "네, 어떤 머리핀이 나올지 궁금한데요?"
"조금만 기다려주세요. 멋진 머리띠를 만들 거에요."

아이는 작은 잎을 하나하나 셀로판 테이프로 붙이기 시작하였다.
조금이라도 잎이 상처를 입을까 걱정을 하면서 조심스럽고 정성스럽게 잎을 붙여나갔다.

▼ 서로서로 도와가며 만들어요.

"저는 머리띠에 나뭇잎을 꽂아 볼 거에요."
"내가 머리띠를 하고 있을게. 너는 예쁘게 장식해 줘."
"그래. 내가 여기에 나뭇잎으로 장식해 줄게."
"친구와 함께 만든 세상에 하나뿐인 머리띠로구나!"
"네. 이렇게 하나씩 하나씩 예쁜 잎을 꽂으려고 해요."
"우리 월계관처럼 해 보자."
"나도 봤어. 올림픽 때 선수들이 쓴 것처럼 하는 것 맞지?"
"재미있겠다."
"우리 이 분홍 꽃도 꽂아 주자."
"전 다른 꽃이랑 풀도 같이 붙이고 싶어요."

나뭇잎을 머리띠에 장식하면서 아이들은 지난 올림픽 때 보았던 월계관을 생각하기도 하였다.
어떻게 하면 월계관처럼 장식을 할 수 있을지, 이리 꽂아 보고 저리 꽂아 보느라 너무나 바쁘다.
여러 친구가 함께 만든 월계관은 어느새 친구의 머리에 쓰여져 아이들은 서로 보고 웃고 있다.

▼ 친구에게 어울리는 월계관을 만들어 주어요.

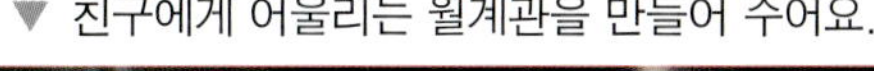

"허리에 두르면 허리띠가 되고, 목에 걸면 목걸이가 돼요."

· "우와. 아주 변신이 쉬운 장식품이 되는구나."

"이번엔 멋진 왕관으로 만들었어요."

"이걸 쓰니깐 꼭 숲 속의 피터팬이 된 거 같아요."

◀ 어떻게 하면 더 예쁠까?
　 고민하는 아이들

▲ 피터팬 같아요.

아이들은 이렇게 자연공간에서 마음껏 뛰어다니면서 스스로 대상을 찾아보고 직접 만지고 관찰한 후에 자신이 발견한 새로운 식물에 대한 모양과 특징들을 이야기로 표현하였다. 자신들이 고른 식물 등을 이용, 조합하여 장식한 머리핀을 직접 꽂아 봄으로써 장식을 초월한 귀중한 경험을 갖게 된다.

풀로 만든 머리핀

활동목표 · 다양한 풀잎을 탐색, 조합하여 풀잎을 경험하고,
장신구를 만들어 신체를 꾸며 본다.

준비하세요! · 다양한 풀잎, 여러 가지 핀, 양면 테이프

이렇게 시작해요! · 풀잎으로 무엇을 만들 수 있을까요?
· 풀잎의 모양에는 어떤 것들이 있어요?
· 여름철의 풀잎과 가을철의 풀잎은 어떻게 다른가요?

· 풀잎으로 친구에게 만들어 주고 싶은 장신구는?
· 풀잎으로 가장하여 나타낼 수 있는 것은?

감상해 보아요! · 풀잎으로 만든 핀들을 함께 써보고 역할 놀이를 해 볼까요?
· 친구들과 함께 풀로 만든 핀들을 어떤 것들이 있나요?

▲ 냇가에서 야채 배를 만들어요.

"어? 당근이다."
"오이도 있고, 다른 것들도 많이 있네요."
"고추랑 피망도 있어!"

"이걸로 요리할 거에요?"
· "야채를 변신시켜 볼까 해요."
· "변신시키는 방법은 여러분들 마음대로 에요.
  어떻게 하면 좋을까요?"
"썰어 볼래요!"
"와! 재미있겠다."
"그럼 배 만들어도 돼요?"
"나도 배 만들고 싶어요."
· "배를 만들려면 어떻게 해야 할까요?"
"당연히 물 위에 뜰 수 있어야 해요!"
"가라앉으면 잠수함 되잖아요. 그래서 물 위에 떠야 해요."
· "그렇구나. 그리고 잠수함도 배의 종류에 속하니까 잠수함을
  만들어도 괜찮아요."

여러 가지 야채와 도마, 칼, 이쑤시개 등을 준비한 후, 아이들에게 칼의 사용법과 주의사항을 알려 주었다. 곧 아이들은 평소에 자주 보았던 야채를 이용하여 변신시켜 줄 방법을 생각하고 있다. 이는 쉽게 볼 수 있었던 야채가 만들기 재료로 사용됨으로써 아이들에게 생활의 모든 것이 미술재료가 될 수 있다는 것을 상기시켜 주고 자연과 주변 사물에 흥미와 관심을 갖게 한다.

▲ 우리 어떻게 하면 야채 배가 물에 뜰까요? 선생님과 함께 해요.

"오이를 이용해야겠다."

"이쑤시개로 끼워 써도 되겠어요."

· "그럼요. 어떻게 끼울지 잘 생각해 보아요."

"나는 오토바이처럼 달아야지."

"나는 이렇게 배 만들 거에요."

· "어떻게요?"

"여기 오이 옆에는 바퀴 달린 배 할 거에요."

"나도 바퀴 달린 배를 할 거에요."

· "그래요? 친구랑 다른 자신만의 배를 만들어 보면 어떨까요?"

"네. 저는 양배추랑 당근을 이용해서 당근 배를 만들 거에요."

· "오. 그렇구나."

"저는 양배추가 필요한데요."

"난 폭탄 배로 할 거에요."

"오이 바퀴가 자꾸 움직여요."

· "그럼 다른 재료를 이용해 보면 어떨까요?"

"음… 이게 필요해요. 당근 주세요."

· "그래. 딱딱한 당근으로 고정시켜 주려는구나."

"나는 신발 배를 만들어야지."

▲ 물속으로 행진

한 아이는 처음에 야채 배를 바퀴 모양으로 자른 오이를 양옆에 끼운 후, 바퀴의 흔들림을 양배추로 고정시켜 보았다. 바퀴의 흔들림이 계속되자 이번에는 조금 더 딱딱한 당근을 잘라 다시 고정시켜 주었다. 아이들은 자신이 필요한 야채를 찾고 잘라서 끼우는 것에 능동적이다. 한 아이는 오이에 이쑤시개를 끼운 후 다시 작은 오이들만을 조합하여 장난감 배를 만들었다. 아이들은 제각각 자신만의 생각으로 다양한 표현을 하고 있다.

"이렇게 납작하게 자르면 되네?"
"너무 재미있다."
· "잘하고 있구나. 칼을 사용할 때는 손이 베이지 않도록 조심해야 해요."
"네."

한동안 아이들은 칼을 이용하여 야채를 옆으로 비스듬하게 자르기도 하고, 세워서 자르기도 하는 등 필요한 모양을 얻기 위한 탐색이 이루어지고 있다. 당근을 비스듬하게 잘라서 비닐 모양으로 칼집을 넣기도 한다. 이렇게 아이들은 직접 경험을 하면서 스스로의 방법을 찾아나가며 여러 가지 다양한 상황들은 새로운 병법을 생각하게 한다.

· "이 배 이름은 지어 줬나요?"
　"네. 무거워 배에요."
· "왜일까요?"
　"무거우니까요. 그런데 가벼워야 오히려 잘 떠요."
　"전 자동차 배요."
　"하늘 나는 배에요. 왜냐면 날개가 있잖아요."
　"전 신발 배에요. 신발 모양같이 생겼잖아요."
· "그렇구나. 이름들이 다 이유가 있군요."
아이들은 자신들이 만들고 있는 배의 특징을 살려서 이름을
붙여 주었다.

▲ 가라 앉다가 점점 더 올라와요.

"이제 뜨는지 안 뜨는지 봐야겠다."
"아! 가라앉아요."
"너무 무거워서 그런가봐요."
"작게 잘라서 만들면 되잖아."
"난 길쭉하게 할거야."
"조금 가라앉아요."
"왜? 가라앉을까요?"
"위쪽으로 하면 가라앉아요."
"피망이요. 앞쪽에 피망을 꽂았잖아요."
"볼록한 피망이 물속에 들어가서 그래."
"나는 뜨는데?"
"작은 미니 배는 뜬다? 근데 위로 뒤집어져요."
피망을 꽂아서 피망 배라고 말하고 있는 아이.
갑자기 피망의 볼록한 부분이 수직으로 물속에 잠기기 시작했다.
피망배가 뒤집힌 것을 보고, 아이는 다시 배의 앞머리 부분에 있는 피망 밑 부분을 잘
라낸 후 다시 띄워 본다. 갑자기 자신의 배를 띄워 보기 위해 물가로 뛰어간 아이들은
뜨는 것을 확인하고는 자신의 배를 만족스럽게 바라본다.
"가라앉다가 점점 더 올라와요."   "신기하다."

▲ 내 배는 형제 배에요.

"우리 경주해요. 누가 더 빨리 가는지."
"자 그럼 출발 지점을 정해야지?"
"우리 다 같이 하자!"
"밀어주면 안 돼! 반칙이야."
"야, 다시 시작하자."
"바퀴가 빠졌어."
"내 배는 돌리니깐 팽이처럼 되었어요. 팽이다, 팽이."

아이들은 여러 가지 야채를 탐색하는 과정에서 자르고 끼우면서 조합을 하게 된다. 그러한 과정 속에서 아이들은 자신이 만든 배에 이름을 붙이고, 그 배를 물 위에 띄우면서 스스로 탐색을 하고 해답을 찾아가며 다양한 경험을 접하게 된다. 그리고 야채마다 가지는 독특한 질감과 색에 대한 탐색은 의미 있는 자기 경험으로 연결되어 야채의 형태에 대한 이해와 특징을 알게 된다.
이러한 과정에서의 방법이 다양할수록 아이의 상상력과 창의적 사고가 뒤따르게 되는 것은 당연하다.

▲ 내 배는 납작 배!

▲ 자연에 있는 그 자체로 우리 모두는 하나이다. 교사와 의논하는 아이들

야채로 만든 배

활동목표
여러 가지 야채의 특징을 이해하고 구성해봄으로써 자신만의 배를
만들어 본다.

준비하세요!
여러 가지 야채 (오이, 가지, 당근, 양배추, 피망 등), 이쑤시개,
칼, 도마

이렇게 시작해요!
야채를 가지고 무엇을 만들 수 있을까요?
야채와 야채를 연결하려면 어떻게 해야 할까요?
물에 잘 뜨는 야채는 어떤 것들이 있나요?
물에 띄우려면 어떻게 해야 할까요?

감상해 보아요!
친구들과 야채로 만든 배를 띄워 보아요! 어떻게 하면 뜰 수 있을까요?
야채로 만든 배에는 어떤 모양들이 있나요?
야채로 만든 배와 종이배는 어떻게 다른가요?
(야채가 아닌 다른 것으로 만든 배를 띄워보고)
어떤 것이 더 물에 잘 떠있나요?

● 눈을 들어 하늘을 보면 나무는 하늘을 화지 삼아
또 다른 표현의 의미를 우리에게 선사한다.

▲ 숲 속의 오후
거미가 나타났어요.

▲ 조금 투명한 종이는 별 모양이 되었어요.

· "우리 오늘 곤충을 잡으면 어때요?"
"좋아요."
"곤충을 우리가 직접 만드는 것은 어떨까요?"
· "그럼 우리가 만든 곤충을 나뭇가지에 매달아보고 곤충이 되어보자."
"저는 선생님 만하게 만들 거에요!"
· "네. 크게 만들어도 좋아요!"
· "작게 만들어도 되고요."
"저는 보통 크기로 할래요!"

▼ 신나고 즐거운 아이들의 표정. 머리띠저럼 만들고 있다.

· "너는 어떻게 할꺼니?"
"저는 곤충을 여러 가지로 할 거에요!"
"그래서 얼굴에 쓸 거에요!"
· "그래. 좋은 생각이야!"
· "곤충을 가면처럼 여러 가지 만들어서 매미도 됐다,
벌도 됐다 하는 거지?"
"네. 맞아요!"
· "그럼 가면처럼? 아님 머리띠처럼 만들 거야?"
· "아님 얼굴을 만들어서 봉투처럼 쓸 거야?"
"머리띠처럼 할래요!"
· "다른 친구들은 어때요?"
"저도요! 저도 할래요!"
· "그럼 다 함께 만들면 좋겠어요."
"나비 얼굴도 만들고, 날개도 만들고 할 거에요!"
· "그럼 한 사람은 얼굴, 한 사람은 날개,
각자 나눠서 하면 어떨까요?"

숲 속에 있는 곤충에 대하여 이야기 하자, 아이들은 곤충을 표현하는 방법에 있어서 아이들 스스로 곤충이 되어 보는 것을 생각했다. 아이들만이 생각할 수 있는 이야기는 교실이 아닌 바깥에서 더 드러난다. 바로 실외놀이가 가진 창의적이고, 숨어있는 교육적 가치가 표현방법의 차이에서 드러남을 볼 수 있기 때문이다.

"저는 커다란 노란색이 있어야 돼요!"
· "왜요?"
"노랑나비 만들 거에요."
"제 팔에 날개를 크게 달 거에요!"
· "어떻게 큰 걸 몸에 달지?"
"팔에다 날개를 끼워서 해요!"

아이들은 자신들이 생각하고, 되고 싶은 곤충의 모습을 날개 팀과 가면 팀으로 역할을 나누어 만들고 있다. 아이 키만큼 되는 노랑 색지는 노랑 나비 날개로 잘라져 바닥에 누워 있다. 노랑 색지가 두 아이에 의해 나비의 날개 모양으로 만들어 지고 난 후 양 날개에 분홍색 종이접시를 붙여 호랑나비가 되었다.

"와! 진짜 날개 크다!"
"날개를 팔에 끼울 수 있게 고리를 만들자!"
"고리가 없잖아? 어떻게?"
· "친구가 가르쳐 줘요."
"이렇게 종이를 고리 모양으로 만들면 되지!"
"아 이렇게?"

이렇게 함께 만들고, 역할을 나누어 만드는 아이들만의 상상의 세계는 상황속에서의 문제해결로 새롭게 이해된다.
동시에 아이들은 그 해결과정에서 서로에게 도움을 주고받는 사회적 경험을 하게 된다.

▲ 이것 보세요. 아이는 쭉쭉 늘어나는 주름지가 주는 느낌이 신기하다.

· "곤충엔 또 뭐가 있을까요?"
  "벌이요!"
  "무당벌레!"
  "나비!"
  "잠자리도 있어요."
· "벌 날개는 어떻게 생겼어요? 두 갠가요?
  한 갠가요?"
  "양쪽 한 개씩이요!"
· "그럼 잠자리 날개와 벌 날개는 어떻게 다르지요?"
  "잠자리 날개는 그물로 되어서 길고요!
  벌 날개는 짧아요!"
· "그럼 곤충 입은 어떻게 생겼을까요?"
  "어, 사마귀 입은 끔찍해요. 뾰족해요!"
  "징그러워요!"
  "저도 봤어요. 우리 집 계단에서!"
곤충에 대하여 알고 있는 이야기는 자연스레 시작된다.

"늘어나요. 쭉쭉 늘어난다!"
"어! 재밌다. 진짜 재밌다!"
"이것 봐라! 다이아몬드 같다!"
"이걸 이렇게 비비면 줄어들어요." 종이의 특징을 이해하는 이야기다.
"어! 소리나요!"
"숲 속에서 동물이 바스락거리면서 걸어가는 소리에요!"
주름지를 비비면서 숲 속의 동물을 생각한 아이.
곤충을 만드는 과정 중에 주름지에 대한 재료의 탐색은 결국 숲 속 동물로 연상되어 연결되어졌다.
또한 이러한 과정 속에서 아이는 자유롭게 재료를 탐색하고, 스스로 선택함으로써 재료가 가진 질감과 특성을 함께 생각한다.

▲ 노래소리가 저절로 나오는 시간!

나비를 어떻게 몸에 달까? ▶
고민하는 아이들

한쪽 곤충가면 팀에선 달팽이의 더듬이를 표현하기 위해, 종이접시를 나선모양으로 잘라 붙였다.

· "곤충이 무슨 이야기를 하면 좋을까요?"

· "그럼 곤충이 어떤 표정을 지을지 생각할 수 있겠지요?"

  "네. 우린 먹이를 먹느라 행복한 표정이에요."

· "우리 무당벌레도 한번 해 볼까요?"

· "그런데 방법은 하나도 가르쳐주지 않을 거에요."

· "네가 생각해야지 볼 수 있어요."

  "작게 만들어도 돼요? 무당벌레가 나는 모습 할래요!"

아이는 진지하게 날고 있는 무당벌레의 모습을 생각하고 있다.

· "팔이 들어가는 걸 잘 생각해야 돼요."

  "너무 좁아요!"

  "고리를 좀 더 세워야겠어요!"

  "이제 됐어!"

  "와!"

  "얼굴도 써야지!"

▲ 나는 커다란 나비가 됐어요!
커다란 노랑 날개를 양팔에 끼운 아이

아이는 나비를 만들기 위해 몇 번이고 날개의 고리 부분을 뜯었다, 붙였다하여 날개를 완성하였다.
양팔을 나비의 날개 고리에 끼워 춤추는 아이, 날개를 아래위로 펄럭이며 날아본다. 함께 나비 얼굴을 씌워주는 아이는 즐거워 깔깔거리고, 나비가 된 아이는 너무나 든든한 웃음을 짓는다.
"나는 커다란 나비가 되었어요."

"자! 우리 해가 질 거 같은데, 빨리 숲 속에 가보자!"

"와! 나는 나비하고 싶어!"
"나는 무당벌레 할 테야!"
"나는 잠만 자는 잠자리."
"꽃을 찾자! 민들레꽃이다!"
"와. 여기도 꽃이다!"
"와. 여기 꽃이 많다!"
"냠냠!"

▲ 숲 속에서 곤충이 되어 보아요!

"날개를 이렇게 펄럭여요!"

"춤춰요!"

"나는 여기 숨을래! 무당벌레는 소나무 뒤에 숨었다!"

아이들은 곤충의 날개 짓을 하면서 숲 속을 뛰어 다니며 꽃을 찾고 있다.

분홍 꽃송이, 라일락 꽃나무를 발견한 아이들은 너무나 즐거워 꽃나무 주위에 모여 각자 꿀을 모으는 시늉을 한다. 아이들은 무당벌레가 되어 나뭇가지 위에 숨기도 하고, 노랑 나비, 빨강 나비가 되어 날개를 움직이며 신나게 춤을 추었다.

"와! 여기 거미줄에 거미 달려 있어요! 어머, 진짜 크다!"

"다리도 길어!"

"색깔도 있어. 검정색이랑 노란색이야!"

"거미집 그물처럼 멋지다!"

숲 속에서 살아있는 거미를 발견한 아이들은 저마다 거미에 대해 한 마디씩 한다.

아이 스스로 곤충이 되어 보는 것과 동시에 실제의 곤충을 관찰하는 것은 아이의 기억에 또 다른 경험을 가지게 한다. 실외놀이에서만 가능한 현장에서의 체험이다.

▼ 숲 속에서 파티가 열렸다. 노랑 나비, 무당벌레가 춤을 출 준비해요.

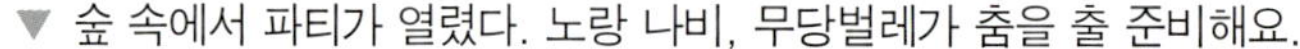

숲 속의 곤충이 되어 보아요

활동목표
곤충을 이해하고 자연 속에서 볼 수 있는 곤충의 특징을
다양하게 표현해 본다.

준비하세요!
다양한 화지, 가위, 풀, 색지, 종이접시

이렇게 시작해요!
숲 속에서 볼 수 있는 곤충에 대해 이야기 나누어 보아요!
곤충을 표현하는 방법에는 어떤 것들이 있나요?
실제의 곤충 크기와 다르게 한다면?
벌의 날개와 잠자리의 날개는 어떻게 다른가요?
곤충의 특징을 표현하기 위한 재료로 적당한 것을 찾아보아요!
자신을 곤충으로 표현한다면 무엇이 되고 싶나요?

감상해 보아요!
실제의 곤충과 친구들이 만든 곤충에 대해 이야기 나누어 보아요!
만든 곤충의 모습을 가지고 야외로 나가 곤충이 되어 본 느낌을
서로 이야기해 보아요!
곤충은 어디에 숨어 있을까요?

▲ 야외로 나온 아이는 힘차게 달리기부터 한다.

▲ 돋보기로 봐도 돼요. 우와! 개미가 보여요.
개미가 다치지 않게 조심

· "이게 뭘까요?"
"어! 돋보기다."
· "돋보기 사용해 본 적 있어요?"
"네. 저 할 줄 알아요!"
"이렇게요."
· "그래요."
· "여기보세요. 이렇게 보면 가운데 빛이 모여야 돼요."
"먹지 위에 해 볼까요?"
· "왜 먹지 위에 하면 좋을까요?"
"색깔이 검정이어서 빛을 잘 모아요!"

햇볕 내리쬐는 오후에 아이들은 함께 돋보기를 들고 먹지 위에 빛을 모으고 있다.

"먹지가 자꾸 날아가요! 돌멩이로 고정해야겠다."
"초점을 작게 해야 탄다."
"선생님 타고 있어요. 드디어 타고 있어요."
"비닐봉지도 돼요?"
· "비닐봉지도 색이 있는 건 다르지 않을까요?"
"검정색 비닐봉지에 해 볼게요."
"어, 진짜로 탄다."
"너무 신기하다. 근데 냄새가 나네?"

"선생님 여기 연기 났어요!"
"보세요."
"연기가 조금 나요. 지나가는 벌레 타 죽을 거 같아요."
· "얼마나 뜨거워야 탈까요? 우리 피부에 닿을까요?"
"태양만큼 뜨거워야 돼요."

▼ 소나무 껍질도 봐요!
아이는 돋보기를 들고 소나무, 잔디, 풀들을 찾아 다니며 관찰하기도 한다.

▲ 빛을 모으고 있는 아이

빛을 모으고 있는 아이들. 이리저리 돋보기를 움직여 초점의 크기를 줄여 본다.
아이들은 빛이 모아질 때까지 한참을 기다리고 있어야 하는데도 계속 쪼그리고 앉
아 있다.

　　"초점이 모양이 있어요!"
·　"무슨 모양이에요? "
　　"에스(S)! 티(T)도 될 수 있어요. 하트 모양 같기도 한데요."
·　"방향에 따라서 초점 모양이 여러 가지구나."
　　"네."
　　"빛나는 게 색깔도 있네요."
·　"봐요. 무슨 색깔이에요?"
　　"무지개 색깔이에요!"
　　"왜 무지개 색깔일까?"
　　"햇빛이 무지개 색깔이라서 그래요. 무지개처럼."
·　"그렇지. 빛은 무지개 색깔을 가지고 있어요."

"선생님 딜도 밝아요?"
· "달도 밝지요. 그럼 달도 될까요?"
· "달님이 더 밝을까요?
· 햇님이 더 밝을까요?"
"햇님이요."
· "왜요?"
"더 뜨거우니까요! 밤에 달이 떠 있어도
덥지 않잖아요."
· "오. 그렇구나."

"선생님 산속에 해가 숨어서 더 이상
안 될 거 같아요!"
· "그래요. 이제 그만해요."
"돋보기로 물속도 볼 수 있어요?"
· "한번 보세요!"
"우와! 보인다. 개구리 왔다!
어? 수영 잘한다."

아이는 빛을 모으던 돋보기를 가지고
이번엔 물속을 들여다보고 있다.

▲ 초점을 작게 해야 해.

▲ 햇빛이 그린 그림

▲ 꽃을 들고 운반하고 있는 사람들

▲ 숫자 잡아 먹고 사는 고래에요.

▲ 햇살에 서 있는 허수아비가 된 아이

햇빛으로 그리는 그림

활동목표 돋보기로 햇빛을 모아 탐색하는 과정에서 빛과 열의
관계를 이해한다.

준비하세요! 돋보기, 먹지, 색종이, 신문, 화선지, 가위

이렇게 시작해요! 돋보기로 자연을 관찰해 보아요.
빛을 모으는 방법엔 어떤 것들이 있을까요?
어떤 종이에 빛이 잘 모아지고 탈까요?
특별히 잘 타는 색이 있을까요?
빛은 어떤 색깔을 가졌을까요?

감상해 보아요! 실내에서의 빛과 자연의 빛은 어떻게 다른가요?
돋보기로 빛을 모을 때 어떻게 했나요?
돋보기로 태워 그린 그림에 대해 이야기 해 볼까요?

나뭇잎으로 그리는 가을 이야기

▲ 아이가 만드는 풍경. 아이는 자연 속에서 생각에 잠긴다.

아이들과 함께 찾은 야외 공원은 가을이라 나뭇잎이 햇빛에 물들어 하나, 둘 떨어지고 있었다. 이에 아이들은 곱게 물들여진 나무들 사이에 가서 앉아 있거나 나무가 바람에 흔들려 나뭇잎이 떨어지는 것을 받아 보기도 한다. 그리고 한 아이가 가을 풍경 속에 들어가 생각에 잠긴 모습을 보여 주기도 한다.

▼ 우하하. 나뭇잎 눈이 내려요.

"나뭇잎 비가 내리는 거 같아요."
· "그렇구나. 바람에 나뭇잎이 떨어지는구나."
"그런데 왜 나뭇잎이 힘이 없어요?"
· "그건 아마도 나무가 겨울 준비를 하느라 더 이상
　나뭇잎에게 나눠 줄 영양분이 없어서일 거야.
　겨울 준비를 해야 하거든."
"그래요? 이렇게 예쁜 나뭇잎을 떨어뜨려요?"
· "네. 내년에 또 예쁜 잎을 보여 줄 거예요."
"그럼 우리 예쁜 나뭇잎 주워 가요."
· "그럴까요? 자신의 나뭇잎을 모아 봐요."
"네."

아이들은 맘에 드는 단풍나무 밑에 가서 나뭇잎을 줍고 있다. 바람에 나뭇잎이 많이 떨어지게 되자 아이는 나뭇잎을 받으려고 빙빙 돌기도 한다. 이번엔 노랑 색지, 빨강 색지로 가을 단풍잎을 받아보고 있다.

"나뭇잎이 떨어진다."
· "우리 나뭇잎 누가 많이 받을 수 있는지 내기
　할까요?"
"네. 내가 더 받을 거예요."
· "나무를 마구 흔들면 안 돼요."
"네. 나무가 아플지도 몰라요."
"저는 노랑 색지로 받고 싶어요.
　와! 노란색 위에 그림 그려졌어요."
· "어디 볼까요?"
"보세요. 나뭇잎이 모여서 이상한 별 모양이
　그려졌어요."
· "그렇구나."

· "무얼 만들고 있는 건가요?"
　"예쁜 구름이에요."
　"돌멩이 위에 올리니까 더 멋진 거 같아요."
· "그렇구나. 돌멩이랑 나뭇잎이 더 잘 어울리는구나."
　"저는 연주하고 있어요."
한쪽에서 아이가 색지 대신 돌멩이 위에 물든 단풍잎을
올려놓고 모양을 만들고 있다. 그리고 나뭇가지를 주위
연주하듯 돌멩이 위를 두드려 보는 남자 아이는 자신의
악기를 빨간 단풍잎으로 장식하였다.

　"나뭇잎이 더 많았으면 좋겠어요."
· "그래요. 그럼 우리 나뭇잎이 많이 있는 곳으로
　이동해요."
골목에 가을 낙엽들이 많이 떨어지고 있었다.
그곳엔 나뭇잎들이 노랗게 물들여져 수북이 쌓여 있었다.
　"와. 여기 정말 많이 있어요."
· "우리 여기서 뭘 할까요?"
　"음… 우리 여기서 나뭇잎 장사 놀이해요.
　좀 더 있으면 나뭇잎은 없어질 거에요."
· "그럴까요? 그런데 나뭇잎을 팔려면 어떻게
　해야 할까요?"
　"그야 당연히 예쁘게 모양을 만들어 놓아야 해요."
　"이렇게 나뭇잎 산을 만들 수도 있어요."
　"나뭇잎 사세요! 예쁜 나뭇잎 사세요!"
아이는 나뭇잎들을 수북이 모아 산 모양을 만들어 본다.

135

▲ 내 손 닮은 잎이에요.

▲ 노랑 색지로 나뭇잎을 받아요.

▲ 돌멩이 위에 단풍잎으로 그려진 그림

▼ 야외에서 주워 온 나뭇잎을 놓아 보아요.

　"우와! 나뭇잎 눈이 와요."
갑자기 나뭇잎을 하늘로 던져보고 신이 난 아이들은 유쾌한 웃음을 보
인다.
　"너무 재밌어요. 나뭇잎 눈이 내려요."
　"야호! 야호."
아이들의 나뭇잎 놀이는 종이와 돌멩이 위에서 골목으로 옮겨져, 나뭇
잎들을 모아 덩어리를 만든 후 그림을 그리게 되었다. 갑자기 일어난 나
뭇잎 눈 놀이 역시 가을날 즐길 수 있는 놀이이다.
아이들은 양팔 벌려 나뭇잎을 몸으로 받아보기도 하고 주워 온 나뭇잎
들을 가지고 종이 위에 즉흥적인 표현을 하기도 하였다. 상황이 주는 유
쾌함 때문인지 아이들의 표현은 능동적이고 그 의미는 탄력적이며 다양
하다.

나뭇잎으로 그리는 가을 이야기

활동목표 야외에서 채집한 자연물의 색과 모양을 탐색해 보고,
따른 느낌을 경험해 본다.

준비하세요! 여러 가지 색지 또는 보자기, 채집한 자연물을 보관할 봉투 등

이렇게 시작해요! 야외로 나온 기분이 어떤지 몸으로 표현해 볼까요?
가을이 되면 자연은 어떤 모습인가요?
나뭇잎마다 가진 색이 조금씩 달라요. 왜 그럴까요?
자신이 채집한 나뭇잎의 모양은 어떻게 다른지 이야기해 보아요.
색이 있는 종이 위에 나뭇잎을 올려 보아요.
나뭇잎이 쌓인 곳에서 할 수 있는 놀이를 찾아볼까요?

감상해 보아요! 색지 위에 올려진 나뭇잎과 돌 위에 올려진 나뭇잎은 느낌이 어떤가요?
나뭇잎을 모아 표현한 그림에 대해 친구와 이야기해 보아요.
나뭇잎을 뿌려 본 후 떨어지는 모습을 감상해 보아요.
여름의 느낌과 가을의 느낌은 어떤가요?

○ 나무야! 아직도 자고 있니? 일어나~. 나무를 깨우는 아이들

물로 그리는 그림

▼ 물이 뽀글뽀글 들어가요.

· "친구들아. 여기 좀 보세요. 선생님이 가져온 게 보여요?"
　"네. 왜 이렇게 물통이 많아요?"
· "오늘은 이걸로 그림을 그려 볼까 해요. 어떻게 하면 될까요?"
　"음, 냇가에서 물을 떠요.
　저기 밑으로 내려가면 냇물을 만날 수 있어요."
· "그래요. 그럼 물을 떠와서 어디에다 그림을 그려 볼까요?"
　"여기 땅 위에요."
· "네. 오늘은 종이 대신 여기 넓은 땅 위에다 물로 그리는
　그림을 할 거에요."
　"그런데 물을 조심해서 떠올 수 있겠어요?"
　"네."
　"와! 재미있겠어요."
· "얼른 물 떠와요!"

아이들의 대답 소리가 힘차다. 한 상자 가득 담겨진 상표를 뗀 1.5L 생수통들 중에서 아이들은 저마다 자신의 물통을 고른 후, 손바닥과 물통을 두드리며 통통 소리를 내어 보기도 하고, 남자 아이들은 발로 축구공 차듯 한번 차보기도 한다. 곧이어 아이들은 흥겹게 냇가로 뛰어간다.

▼ 물병에 물을 채우고 있는 아이들

▲ 물병에 돌멩이도 넣어봐도 돼요?

야외에서 단지 물통만으로 아이들의 관심을 일으킬 수 있는 건, 평소에 아이들이 접해왔던 화지와 드로잉의 재료보다 흥미와 관심을 갖기에 충분한 호기심을 불러일으키기 때문이다.

야외 공원 옆에 있는 냇가로 내려온 아이들은 각자 자신의 물병에 물을 채울 곳을 살피고 있다. 아예 냇가에 엎드려 물이 물병 속으로 들어가는 모습을 유심히 관찰하고 있다.

"물이 너무 시원하고 좋아요."

"선생님. 물이 뽀글뽀글 들어가요."

· "네. 물방울 소리가 나네요. 그리고 물이 PET병 속으로 천천히 들어가지요."

"네. 왜 물방울 소리가 나요?"

· "물병 속의 공기 대신 물이 들어 가려면 공기를 밀어내야 되기 때문일 거에요."

아이들은 병 속에 공기 대신 물이 가득 찰 때까지 기다리고 있다. 그것은 꽤나 인내심을 가지고 기다려야 하는데도 불구하고, 아이들은 진지하게 물통에 물이 들어가는 것을 기다렸다.

▲ 물병 속에 돌멩이를 넣고 유심히 보고 있어요.

어느새 물통에 물을 가득 담은 아이들은 공원 벤치에 앉아 물병 속을 들여다보고 있다. 그리고 물병 속에 들어간 물을 흔들어 물결을 만들거나 회오리를 만들어 보이기도 한다.

　　"물병에다 돌멩이도 넣어봐도 돼요?"

　·　"그럼요. 그런데 왜 돌멩이를 넣고 싶어요?"

　　"물병 속에 있는 돌멩이의 모습이 어떤지 보고 싶어요."

　　"와. 물병속의 돌멩이들이 움직여요. 물이 출렁거려서 꼭 어항을 만든 거 같아요."

　　"보세요. 제가 회오리를 만들었어요. 꼭 토네이도 같아요."

　　"그렇구나. 물병을 돌리다가 갑자기 멈추어서 생긴 거지요?"

　　"네. 더 세게 해 볼래요."

사소한 물과 물통에서 나오는 아이들의 느낌은 다양하였다.

· "다 모였어요?"

"네."

· "그럼 우리 시작해 볼까요?"

"좋아요."

· "시작하기 전에 어떤 그림을 그릴지 생각해 보아요."

"네. 저는 벌써 생각했어요. 달팽이에요."

"저는 춤추면서 그릴 거에요."

· "그래. 춤추면서 그려보는 것도 괜찮아."

· "네가 춤추면서 그린 그림은 무엇인지 이야기해 줄래?"

"꽃이에요. 아주 큰 우주에만 있는 꽃이에요."

· "그렇구나."

아이는 물통을 들고 원을 그리면서 회전하듯이 춤을 추기도 한다."

"이렇게 크게 그린 건 처음이에요. 너무 재미있어요."

· "네가 그린 건 혹시 반달인가요?"

"아니요. 이건 춤추는 별이라고 할래요."

· "오. 그렇구나. 춤추는 별이라니, 자세히 보니 은하수처럼 별들이 쏟아지는 것 같구나."

"네. 큰 별 옆에 작은 별들이 따라 다녀요."

"제 건 튤립 꽃이에요."

"이번엔 저도 해바라기 꽃을 그려 볼래요."

"보세요. 정말 진하게 그렸어요."

자신이 그린 나비 그림을 보고 있는 아이.

아이는 자갈이 깔려있는 땅 위에 꽃잎, 꽃줄기, 잎을 연결해가며 전체적으로 대담하게 이어 나갔다.

▲ 춤추면서 그릴거에요. 아이의 움직임이 선에서 그대로 느껴진다.

▲ 우주에만 있는 꽃이에요.

▲ 나무에게 물을 주어요.
아이가 물을 주고 파이프 문 아저씨로 꾸민 것이다.

· "너는 무얼 하고 있니?"
　"저는 냇가 만들 거에요."
· "냇가에서 떠온 물로 냇가를 만들 건가요?"
　"네. 여기에서 냇가까지 물을 연결할 거에요."
　"여긴 강이에요."
· "그래. 그것도 재밌는 생각이에요."
　"그럼 다른 친구의 도움이 필요하겠는 걸."
　"네가 친구들한테 도와달라고 말해 보렴."

땅 위의 굴곡 있는 길을 따라 물을 부어 아이는 냇가까지 물을 연결하고자 하였다. 굴곡 있는 땅 위의 높낮이가 아이의 상상을 불러일으킨 것이다. 그리고 그것은 간단하게 한 두 번의 물을 길러 와서는 되지 않는 작업이었다. 한 친구가 냇가를 연결하는 일을 시작하자, 이어 다른 아이들도 같이 합세를 하였다. 어느새 땅 위의 물에 젖은 굵은 선은 점점 아래로 냇가까지 도달하게 되었다. 함께 냇가까지 물을 돌려보내는 일을 한 아이들은 더욱더 흥이 나게 되었다.

　"와~ 우리가 해냈어요!"
　"그래 정말. 친구들과 같이 잘했어요."

우리는 어떻게 물을 줄까? 동그랗게~!　▶

· "여러분 여기 좀 보세요.
  여기 있는 나무의 이름이 뭔지 아세요?"
  "아니요."
· "산수유 나무에요. 빨간 열매가 열리는 나무에요."
  "네. 저도 본 적 있어요."
· "그럼 우리 여기 산수유 나무에서 물
  주기 할까요?"
  "네. 좋아요!"
· "친구들이 나무에게 어떤 마음으로 물을 줄까
  궁금한데요. 각자 나무에게 마음을 어떻게
  보여 줄까 생각해서 물을 주어보세요."
  "네. 예쁘게 물을 줄래요!"
아이들에게 봄날 막 노란 꽃이 피어난 산수유 나무를
보어 주고 가자 물을 주기로 하였다.
  "보세요. 파이프 문 아저씨에요."
  "불가사리 모양이에요."
  "나는 사람 얼굴 모습이에요."
  "저흰 동그랗게 됐어요."

▲ 내가 그린 꽃 위에 앉아 볼래요.

나무에게 물을 주면서 땅이 물에 젖은 모양을 이용해 아이들은 장식을 해 주었다. 바로 땅 속에서 찾은 조개
껍질과 나뭇가지를 이용해 파이프 문 아저씨를 나타내기도 하고, 산수유 나무를 사이에 두고 물이 땅 속으로
스며드는 모양을 불가사리 모양, 동그란 모양, 사람 얼굴 모양 등 제각기 다르게 보여 주었다.
야외에서의 물로 그리는 그림은 아이들에게 쉽고도 흥미롭게 자신의 몸을 움직이게 하였다.
아이들은 자신의 신체가 움직이는 결과를 그대로 즉석에서 볼 수 있는 것을 즐겼으며, 표현되어지는 드로잉
의 대담성과 다양함을 보여주었다. 이는 물의 유동성이 잘 나타난 표현이 되었다.

물로 그리는 그림

활동목표 · 물의 특징을 이해하고 물로 표현하여 봄으로써
미술표현의 이해를 확장한다.

준비하세요! 재활용 물병 종류(PET병, 음료수병, 물통)

이렇게 시작해요! 야외에서 그림 그리는 도구로 대신할 수 있는 방법을 생각해 보아요.
· 냇가에서 물을 뜨기 쉬운 곳을 찾아보아요.
· 냇가에서 떠온 물로 할 수 있는 놀이를 생각해 보아요.
· 물로 그리는 그림을 그려 볼까요?
· 땅 위에 물로 그린 그림은 어떤 모습인가요?
· 움직이면서 물로 그릴 때의 느낌은 어떤가요?

감상해 보아요! 자갈 위에 그린 그림과 흙 위에 그린 그림은 어떻게 다른가요?
· 몸을 움직여 그린 그림과 가만히 서서 그린 그림은 무엇인가요?
· 친구의 물로 그린 그림의 모양을 보고 무엇인지 알아맞혀 보아요.
· 물로 그린 그림이 증발해 사라지는 과정을 함께 이야기해 보아요.

끈과 못으로 박아 그리기

땅 위에 끈과 못으로 박아 그리기는 냇가 자갈이 많은 곳과 소나무 밭 사이에서 이루어졌다.
그 중에서 냇가 자갈이 있는 곳에서의 과정을 이야기 하고자 한다.

"여긴 왜 이렇게 돌멩이들이 많아요?"
"왜 그럴까?"
· "아마도 시냇물들이 돌멩이들을 여기까지 이동시켜 났나 봐요."
· "물이 더 이상 흐르지 않아서 이동이 멈춘 거지요."
"그래요? 그럼 다시 물이 흐르면 돌멩이들은 도망가나요."
· "그럼요."

· "그런데 이렇게 돌멩이도 많고, 자갈도 많은데
   땅 위에서 그림을 그릴 수 있을까요?"
"우린 종이도 없고 물감도 준비해 오지 않았어요."
· "대신 이렇게 노끈과 망치들만 있어요."
· "노끈으로 어떻게 그림을 그릴 수 있을까요?"
"땅 위에서 끈으로 그리면 되지요."
· "어떻게요?"
"끈으로 선을 만들어요."
"선이 움직이면, 그림이 그려져요."
· "오, 맞아요."
· "노끈으로 된 선 그림을 그릴 수 있어요."

▼ 돌멩이도 망치가 될 수 있어요.

▲ 우린 잎이 네 개 있는 꽃을 할 거에요.

▼ 이건 땅 위에 떨어진 작은 나뭇잎이에요.

・ "자. 그럼 뭘 할지 의논해 보세요."
・ "오늘은 팀 이름을 어떻게 정해 볼까요?"
　"네. 여자, 남자팀으로 해요."
　"좋아요."
　"우린 꽃이요."
　"저흰 나무로 생각했어요."
　"우린 노란색으로 해바라기처럼 할 거에요."
돌멩이 가득한 땅 위에서 아이들은 팀을 나누어 나무와 꽃을 노끈으로 표현하기로 하였다.
이렇게 돌멩이가 많은 곳은 흙이 많은 땅 위에서의 느낌과는 또 다르게 아이들에겐 도전의 대상이 될 수 있다. 그리고 처음 와 본 시냇가에서 장소를 선택하고 이야기를 만드는 것은 아이들의 몫이다.

　"그런데 자꾸 선이 움직여요."
・ "그럼 선이 움직이지 않게 하려면 어떻게
　할까요?"
　"돌멩이로 눌러 놓을까요?"
　"그래도 움직일지 몰라."
・ "그런 방법도 좋은 생각이지만 여기 못으로 하는
　건 어때요?"
　"저도 못으로 해 볼래요."
　"저는 못도 박고, 돌멩이도 할래요."
・ "네. 같이 해 보아요."

・ "자, 못을 박을 때 망치를 어떻게 사용하는지
　아세요?"
알고 있는 듯 한 아이가 손을 들어서 열심히 다른 아이들에게 설명해 준다.
　"이렇게 손잡이를 잡고 망치 머리로 쿵쿵 박으면
　돼요."
・ "못을 박을 때는 이렇게 엄지와 검지 손가락으로
　못을 잡고 망치로 조심해서 박아주세요."
　"네."

"선생님, 저는 망치가 없어요."
· "자, 그럼 여기서 망치를 대신할 수 있는 걸 찾아보자!"
"돌멩이로 하면 돼요! 이렇게."
· "그래요. 돌멩이처럼 단단하고 무거운 걸로 하면 돼요."
아이들에겐 익숙하지 않은 소재인데도 불구하고 못을 나무망치로 박아보는 데 집중하기 시작하였다.

그러나 이 작업은 흙 위에서 못을 박을 때보다 훨씬 어렵다. 그것은 자갈들을 치우기도 하고 사이사이 못을 끼워 맞춰 하다보면 헐겁게 박혀, 자꾸만 다시 뽑히는 것을 되풀이해야 하기 때문이다. 그래도 아이들은 포기하지 않는다. 집에서조차 망치와 못을 대하여 본 경험이 적은 아이들에겐 못박기 놀이가 너무나 흥미롭기 때문이다. 또한 주위에 널린 돌들은 망치를 대신한 역할을 훌륭히 감당해 냈다.

▼ 자갈밭 위에 뻗어간 나무

▼ 아이가 그리는 제일 큰 소나무

▲ 아이는 가위질하랴 망치질 하랴 바쁘다.

"그런데 난 자꾸 검정색만 하기 싫어."
"그럼 어떤 색으로 할까?"
"좀 더 예쁘게 꽃을 주황색으로 하자."
"그래. 우선 중심을 잡아야 하니까 같이 끈을 잡아 줘."
"그래. 알았어"
아이들은 꽃의 중심을 잡아 놓기 위해 이리저리 노끈의 길이를 조정해 본다.

▼ 끈을 못에 묶어야 해.

· "여기는 어떤 나무를 만들까요?"
　"큰 소나무요."
· "그래요? 아주 큰 소나무인가 봐요?"
　"선생님 키보다 훨씬 커요."
· "그럼 여기 주위에 보이는 나무들 중 어느 나무처럼 할 거에요?"
　"음. 저기 보이는 제일 큰 소나무로 할래요!"
· "그래요. 기대되는 걸요. 실제 나무들을 보면서 하는 것도 괜찮을 거
　같아요."
· "여기는 뾰족 튀어나왔네요. 어느 부분인가요?"
　"나뭇가지에요. 저기 보세요. 좀 전에 우리가 말한 제일 큰 소나무 가지가
　튀어 나왔잖아요."
· "오. 그렇구나."

▲ 초록 잔디밭 위에 분홍색 꽃이 잘 어울려요.

"나는 돌을 담당할게."
"너는 망치를 두두려 봐. 알았지?"
"중간에 끊어지면 안되니까 단단하게 묶어야 해."
"우와! 잘 박는다. 흙으로 덮을까?"
"그래. 달아나지 않게 덮어줘야 해."
"못에다 감아도 돼."
"그럼 감아보자."
아이들은 못에다 끈을 꽁꽁 묶기도 하고, 박은 못 위에다 돌멩이를 얹어 단단히 고정시켰다.

"우리 다이아몬드 식으로 꼭지점으로 박기로 하자."
"그래 좋은 생각이야."
"이거 생각보다 힘들어요. 그치만 재미있어요."
생각보다 힘들다는 것을 느낀 아이들. 아이들은 역할을 나누어 못을 박고, 끈을 잡아당기고 함께 손발을 잘 맞추어 나갔다. 그리고 무엇보다 과정 속엔 되풀이되는 시행착오와 노력이 포함된다는 것을 아이들은 알고 있다.

"이제 잎을 만들어야 해요."
"우리 양쪽에서 같이 출발하자."
"너는 이쪽. 나는 여기."
"나뭇가지 먼저 하는 거야."
"시작!"
남자 아이들에 의해 귤색 줄과 주황색 줄은 땅 위에서 내기 하듯이 빛나게 쭉쭉 뻗어 나갔다.

▼ 세상에서 제일 큰 엄마 나뭇잎

햇빛에 반사되어 보이는 주황색 줄들은 더욱더 선명하게 빛을 발해 태양이 그리는 선 같다.
선생님은 아이들이 대단한 것을 표현하기를 바라지 않는다. 못을 박고, 끈의 길이를 조절하고, 모양을 생각해 나가며 함께 문제를 해결하는 과정 속에서 아이는 소중한 체험을 하는 것이다. 서로에게 던져진 상황과 풀어 나가는 해결 과정을 함께 경험한 아이들은 또 하나의 같은 체험과 추억, 생각을 가지게 되는 것이다.

▲ 아이들이 합동해서 그리는 소나무

분홍 꽃잎, 파란 잎, ▶
하늘색 줄기가 피었네요.

▲ 선생님. 저 좀 보세요. 리본이 꼬불꼬불 움직여요.
　 리본을 들고 뛰어가는 아이들

아이들은 끈과 못으로 박아 그린 그림을 완성한 후,
나뭇가지에 색 리본끈을 묶어 힘차게 소나무 밭 사이를 뛰어갔다.
이내 소나무 밭 사이에서 리본 발레 공연을 보여 주기도 하였다.
끈. 그것은 자연 속에서 놀이이다. 끈은 훌륭한 작품으로 아이들에겐 단순한 끈의 의미만은 아니었다.

끈과 못으로 박아 그리기

활동목표 땅 위에서 끈과 못을 연결해 보는 과정에서 선과 형태를 이해하고
다양하게 구성하고 표현해 본다.

준비하세요! 다양한 길이의 못, 나무 망치, 여러 가지 노끈, 리본끈, 가위

이렇게 시작해요! 땅 위에 그려진 선들이 색깔을 가지려면 어떤 방법들이 있을까요?
야외에서 망치가 없을 때 대신할 수 있는 것을 찾아보아요.
어떻게 하면 쉽게 끈을 연결할 수 있을까요?
노끈으로 직선과 곡선을 만들 때 생각해야 할 것들은 무엇일까요?

감상해 보아요! 다른 곳에서 끈과 못을 박아 그리면 어떻게 될까요?
못을 박을 때와 땅 위에 못을 박을 때 어떻게 다른지 이야기해 보아요.
못을 박을 때 유의해야 할 점은?
종이에 그린 그림과 땅 위에 직접 노끈으로 표현했을 때의 느낌은
어떻게 다른가요?

▲ 물웅덩이는 비를 좋아해. 비가 잔잔히 옴에도 아이들은 그곳에 있다.

한동안 비가 오고, 그친 후 땅 위에는 군데군데 물웅덩이가 생겼다.

밖으로 나온 아이들은 달리기 시합을 하기도 하고, 물웅덩이가 생긴 곳에서 폴짝폴짝 뛰어넘기 게임을 하고 있다.

"이건 내가 넘어 볼게!"

"와~ 이건 정말 긴 웅덩이야!"

"이 웅덩이가 제일 커!"

· "우리 각자 물웅덩이 하나씩 고를까요? 어때요?"

"네. 이건 내 꺼! 여긴 내 꺼!"

"선생님. 저는 여기 동그랗게 생긴 데 할 거에요!"

비가 오고 난 후의 촉촉한 땅 위에 조금조금 패인 웅덩이들이 있다.

아이들에겐 웅덩이도 놀이의 친구가 될 수 있다. 아이의 시각으로 접근하는 놀이는 그만큼 아이에게 흥미롭고, 능동적인 놀이가 될 수 있는 것이다. 물웅덩이 위에 투영된 나무 숲을 걸어가는 아이들.

▲ 부수선이 갑자기 내려왔어요.

구름 모양으로 생긴 물웅덩이를 찾아 뛰어넘기 놀이를 하는 아이들, 점점 뛰어넘기 어려운 물웅덩이를 찾아 도전해 보기도 한다.

· "좋아요! 다들 골랐어요?"
· "그럼 자기의 웅덩이를 누가 봐도 자기 웅덩이란 걸 알려면 어떻게 해야 할까요?"
   "나뭇잎을 띄워요!"
· "그래. 그런 방법도 있구나. 자신이 생각하는 방법으로 각자 해 보아요!"
   "선생님, 이 스티로폼 공으로 해도 돼요?"
· "그럼요."
   "분홍색 공을 띄우니까 꼭 복숭아 띄운 거 같죠?"
   "이거 복숭아에요."

   "스티로폼 공들이 물 위에 둥둥 떠다녀요. 정말 잘 떠요!"
· "색깔 별로 할거야?"
   "네! 제가 좋아하는 색깔들로 할래요."

아이는 준비된 색깔 스티로폼 공을 가지고 물웅덩이 위에 색깔 별로 띄어본 후, 공의 움직임을 보고 있다. 색깔 가진 공들이 빙빙 돌면서 움직인다. 색이 회전하면서 보이는 색은 아이를 더 흥미롭게 한다.

"저 물 자동차 만들었어요!"
· "그렇구나. 공들을 어떻게 연결할 수 있었어요?"
"스티로폼 공에, 이쑤시개로 끼웠어요!"
"저도요. 제 건 신발 신은 배에요!"
"정말 배가 신발을 신고 있네."

· "우와! 여긴 뭘 하고 있어요?"
"여긴 우리나라 땅이에요! 웅덩이가 지도 같죠?"
"공으로 땅 만들고 있어요!"
"보세요. 저는 축구 골대에요.
축구공이 들어가려고 해요! 와!"
"선생님 보세요! 후~~. 잘 움직이죠!"
· "그렇구나. 바람을 불어 주니까 잘 움직이네요."

아이들은 물웅덩이에 색깔 스티로폼 공을 가지고 물 자동차, 신발 신은 배, 움직이는 땅, 물로 된 축구장 등을 연상하였다. 아이마다 다르게 나오는 생각들을 들어본다. 처음에 분홍색 공이 물에 뜨는 것을 유심히 살펴보고 있던 한 아이는 이쑤시개와 철사로 조합하여 축구의 골대 모양을 만들어 웅덩이에 띄워 보게 되었다. 그리고 곧, 아이는 나뭇가지를 주워 와서는 물에 뜬 공을 골대로 몰고 있는 모습을 보여 주고 있다.

▲ 물 웅덩이 한가운데 있는 분홍색 공
　아이는 공에 대해 생각하는 계기가 되었다.

"저 배 만들고 싶어요!"
· "음~ 스티로폼 공처럼 물에 잘 뜨는, 다른 걸로 해 보면
　어떨까요?"
· "여기 우드락으로 하면 어때요?"
아이는 우드락을 푹푹 손으로 잘라서는 스티로폼 공과 이쑤시개로
끼워 배를 만들었다.
두 개의 흰색 스티로폼 공을 끼워 신호등도 달아주었다.
　"신호등 달린 배에요!"
　"와! 우리 여기에서 시합하자!"
신호등 달린 배들은 시합을 하였다. 하얀 신호등, 빨간 신호등, 분
홍색 신호등.

▲ 아이들은 물에 뜨는 것을 찾아 의미를 부여하였다.
　오늘은 물웅덩이를 처음 만난 날!

▲ 길다란 물웅덩이 위에 반영된 아이들의 그림자

"여기 다 모였어!"
"배 또 만들어야겠다."
"우리 3층배 만들자.
 공이랑 납작 배랑 합쳐서 우주선 배 모양으로 하면 되잖아."
"그래. 더 멋지다."
"어느 게 더 잘 가게요?"
· "스티로폼 공이랑 우드락으로 된 거 둘 중에 말하는 거에요?"
"네."
· "음 어느 게 더 빨리 갈지 궁금한데요?"
"이건 납작한 게 더 잘가요!"
· "아. 우드락으로 만든 노란 배가 더 잘 가는 거니?"
"네."
· "어떻게 그렇지?"
"얘가 바닥이 납작해서 밀어주면 더 잘 가요."
"이렇게요!"
· "아. 손으로 파도를 만들어 주었구나."

신호등 달린 배 다 모였네. ▶

물웅덩이 위에 띄운 공들은 다시 조각난 배와 합체를 하여 더 재미난 여러 가지의 기능을 가진 모습으로 바뀌었다. 스티로폼 공을 가지고 조합하여 띄운 모습은 웅덩이에 그려진 그림 같다.
배들이 웅덩이의 한쪽 구석에 몰린 모습을 두 아이가 한참을 바라보고 있다. 그리고 우산까지 쓰고 바라보고 있는 여자 아이들은 배역을 나누어 배와 함께 이야기하기도 한다.

아이들이 선택한 웅덩이에서 여러 갈래로 연상하여 만든 이야기와 다양하고 재미있는 생각들을 엿볼 수 있었다. 작은 웅덩인 아이에겐 커다란 호수가 된다. 그것은 흙탕물이어도 상관없다.
아이들을 비추는 물웅덩이는 잔잔히 비오는 날의 정서를 만들고, 물웅덩이 위에 놓여진 스티로폼 공은 과학이고 창의적인 표현이었다.

비 오는 날 표현하기

활동목표
비가 오고 난 후에 물웅덩이를 찾아 스티로폼 공을
띄워보고 표현해 본다.
비가 온 후 여러 주변 상황을 이해하여 보고
다양한 표현놀이를 경험한다.

준비하세요!
스티로폼 색 공, 물통, 우드락, 이쑤시개

이렇게 시작해요!
물에 뜰 수 있는 공은 어떤 것이 있을까요?
물 위에서 쉽게 형태를 만들 수 있는 방법은 무엇일까요?
크기가 다른 것을 어떻게 조화롭게 할 수 있을까요?
물 위에서 공들의 움직임은 어떤가요?

감상해 보아요!
스티로폼 공과 야구공의 차이점은 무엇일까요?
물 위에서 움직이면서 변하는 형태는 어떤가요?

○ 충분히 탐색한 후의 표현은 움츠린 개구리가 멀리 뛰는 것과 같다.
이는 교육에서 중요한 의미를 갖는다.

도랑에 물 흘리기

▲ 물웅덩이 위를 걷는 아이. 신발이 젖는 것은 그다지 중요하지 않다.

도랑에 물 흘리기

아이들은 물웅덩이에 스티로폼 공을 띄워 보고 다시 그것들을 조합하여 여러 가지의 물 자동차를 만들었다. 그런 다음 웅덩이를 크게 만들 방법을 생각하게 되었다.

"웅덩이가 더 깊을 순 없어요?"
· "더 깊게 할 수 있는 방법이 없을까요?"
"물을 부어요! 물 떠와야겠다."
"그래. 좋은 생각이야. 내가 떠올게!"
"와~"
"물 흘러간다! 시냇물 같다."
"다시 더 가지고 와야겠어! 이걸론 큰 웅덩이를 만들 수 없어."
"물 좀 더 주세요!"

물통과 컵에 물을 한가득 들고 왔다 갔다 하는 아이들, 아이들은 자신들이 웅덩이를 더 크게 만들 거란 기대감에, 무거운 물통에 직접 물의 양을 조절하여 담아오는 것을 힘들어하지 않는다. 물웅덩이에 부은 물은 곧, 언덕 아래 경사진 곳으로 흘러가게 되었다.

아이들이 부은 물은 조금 높은 곳에서 아래로 흐르는 양 갈래의 물줄기처럼 젖은 땅 위에서도 계속 흘러내리고 있었다.

"물이 다 도망간다."

· "물이 어디로 흘러가는 걸까?"

"저기 아래 웅덩이로 모이고 있어.
자꾸만 내려가고 싶은가 봐."

"더 부어줘!"

"내가 여기 길을 만들게!"

"물이 갈 수 있게 만들어 주자."

"내가 여기 물이 흘러가게 파고 있어!"

· "물이 흘러갈 수 있게 도랑을 만드는구나!
너무 멋진데요!"

"봐봐! 정말 멋진 도랑이 되었어!"

꽃삽으로 땅을 파고 있는 아이.
웅덩이에 물을 흘리던 아이들은 물이 흘러갈 수 있게 도랑을 만들게 되었다. 아이에겐 하나의 큰 공사처럼 그곳에서 집중하여 흙을 파내어 옮기고 있으며 아이들은 서로 도우며 하나가 되었다.

▲ 얼른 물을 나르고 부어요.

▲ 아이들이 도랑을 만드는 역동적인 현장

▲ 물이 흘러가게 길을 만들어요.

▲ 좀 더 튼튼한 둑이 되어야 해.

"흙을 파니까 물이 나왔어요."
"강도 만들 수 있겠다."
"난 너무 바빠. 여기 큰 강을 만들어야 해."
"여기 좀 도와줘!"
"도랑이 좀 더 컸으면 좋겠어!"
"그럼 우리 합치자!"
"와~. 물을 더 부어야겠어! 물을 가져와서 여기다 부어주자!"
이번엔 펼친 우산에 물을 길어 나른다. 우산은 아이에게 물통이
되었다.

▲ 아이들의 자연스럽고 능동적인 행위 속에는 자신을 발견하는 거울이 있다.

비가 왔다 갔다 하는 사이 땅은 물을 머금고 더욱더 질퍽해
져서 아이들이 도랑을 만드는데 더 수월해졌다.
꾸불하고 울퉁한 길을 만드니까, 땅 속 빗물들이 흙탕물이 되
어 올라온다.
물길을 만들기도 하고 둑을 만들기도 하는 아이들은 서로의
규칙을 만들기도 한다.

　"물이 흘러 가려고 해!"
　"도랑 터진다! 빨리 막아야겠어!"
　"물이 옆쪽으로 계속 흘러간다."
　"여긴 정말 큰 둑을 만들어야 해!"

비가 갑자기 오는데도 불구하고 아이들은 우산을 쓰고 계속
해서 흙을 퍼와서 둑을 만들고 있다. 비가 오자 도랑이 커진
것을 보고 흙을 나르고 둑을 쌓기에 바쁘다.
그리고 아이들은 길 한가운데 웅덩이를 가로질러 둑을 만들
어 놓았다.
우산을 쓰고 도랑을 만들고 있는 아이들은 신나서 소리친다.

도랑에 물 흘리기

활동목표 높은 곳에서 아래로 흘러내리는 물의 특성을 이해하고
이를 통하여 아이들이 의미 부여할 도랑을 만들어 본다.

준비하세요! 여러 가지 물통, 꽃삽

이렇게 시작해요! 물이 고인 곳과 흘러가는 곳을 찾아보아요!
물이 고이게 하려면 어떻게 해야 할까요?
도랑에서 물을 부으면 어떻게 될까요?
우리가 도랑을 만들려면 무엇이 필요할까요?
돌멩이, 모래 등을 쌓아 둑을 만들어 보아요!
도랑을 막으면 어떤 일이 벌어질까요?

감상해 보아요! 물이 많은 곳과 물이 적게 있는 곳의 차이는 무엇일까요?
어떻게 도랑이 생기게 되었나요?
도랑의 물은 흘러서 어디로 갈까요?
아이들이 만든 작은 도랑과 둑, 호수의 이름을 지어주고
종이배도 띄워 보아요!
도랑에 각자가 채집해 온 놀이감을 띄워 보고 던져 보아요!

● 자연은 어린이를 자연 속에서 하나 되게 하며 '우리'가 같이 있음을 발견하게 한다.

저자 약력

박라미

성신여자대학교 교육대학원 미술교육 석사
영남대학교 교육학 박사수료
현) 대구 예술대학교 겸임교수, 해아 미술교육연구소장
　　(영남대학교, 대구 카톨릭대학교 대학원 출강)

■ **저서**
　색으로 번지는 아이 생각(미술나라 – 12권)
　사랑이 있으면 아이는 감동을 그린다(예경)
　어린이가 프로포즈하는 미술재료 다시 보기(다음세대)
　미술교육 경험 더하기(양서원 – 공저) 외

■ **논문**
　미술교육에서 역동적 평가를 통한 학습자의 미술 중재학습경험 이해 – 2005, 한국조형교육학회
　현대판화 이해 교육을 위한 해석학적 접근 방안 – 2005, 한국미술교육학회
　신 미술교육을 위한 자기 주도적 미술교육의 필요성 – 2003, 한국조형교육학회
　자극을 통한 학습자의 다각적 표현을 위한 미술교육 프로그램 연구 – 2002, 한국조형교육학회
　소비자시대 문제 중심 학습을 통한 디자인 교육방안 연구 – 2003, 한국미술교육학회(박라미, 안준희)

박은아

대구 가톨릭대학교 미술대학 서양화과 및 일반대학원 회화과 석사
　2005 지성의 펼침전 (안산 단원 전시관, 경기)
　2003 제6회 ORAGE전 (FUKUOKA ART MUSEUM, JAPAN)
　2003 "무표준좌표"사진전(대구문화예술회관, 대구), (포스코 미술관, 포항)
　2002 제5회 ORAGE전 – 중국 북경전(WAN FUNG ART GALLERY) 외
　2004 월간 유아 미술프로그램 집필위원
　현) ORAGE회 회원, 해아 미술교육연구소 교육연구원

해 · 흙 · 물 · 바람 그리고 아이

초판 1쇄 · 2005 . 8 . 20.

저　자 · 박라미 · 박은아
발행인 · 김갑기
발행처 · 다음세대

서울 · 동대문구 신설동 92-7　130-110
전화 · 927-2121~5(영업부)
　　　928-3390~1(출판부)
팩스 · 928-0698

http://www.boyuksa.co.kr

등록 · 2005. 6. 14. 제5-443호

ⓒ박라미 · 박은아, 2005

ISBN-89-5723-038-6-93630

값 18,000원

파본은 본사나 구입하신 서점에서 교환하여 드립니다.